JUAN A. GARCÍA GONZÁLEZ

OCHO BREVES ESCRITOS SOBRE POLO

BUBOK, MADRID 2025

1

© Juan A. García González
Editado por Bubok Publishing S.L.
ISBN: 978-84-685-8918-3
Monografías de Miscelánea poliana y el IEFLP, nº 16
Registro safecreative, nº 0910284775009

ÍNDICE

PRESENTACIÓN

Aunque nuestra producción sobre el pensamiento de Leonardo Polo ha sido ya excesiva, y aunque pensábamos que había terminado ya con los *Últimos escritos polianos* (2021), presentamos aquí aún y además estos *Ocho breves escritos sobre Polo*, con una doble intención, o por un doble motivo.

Ante todo, desde luego, el propósito que persiguen todas esas publicaciones nuestras, a saber: que lo estudiado y expuesto en ellas pueda servir a futuros estudiosos de la obra de Polo. Siempre es mejor leerla directamente, pensarla y meditarla; pero quizás nuestras reflexiones y comentarios puedan ayudar.

A lo que se añade un segundo motivo. La obra de Polo ha tenido un proceso de edición demasiado complejo. Polo publicó unas obras durante su vida académica: son las que, de intento o aprovechando circunstancias, él mismo quiso publicar. Otras obras se publicaron, con su autorización y supervisión, una vez se había jubilado; animado don Leonardo en este empeño editorial por sus discípulos, que preparamos los materiales del maestro para confeccionar esas obras. Y finalmente, tras la muerte de Polo, todas esas obras publicadas en vida de don Leonardo se editaron como serie A de sus obras completas (27 volúmenes), a la que luego se ha añadido una serie B con otros 13 volúmenes de textos inéditos.

Esta trayectoria ha traído algunas complicaciones en la estructuración de la propia obra de Polo. Me refiero concretamente a que en ocasiones se han producido reediciones de un mismo texto en distintos libros[1].

---

[1] Por ejemplo, *La amistad en Aristóteles* es el título de una intervención de Polo en el congreso internacional "El pensamiento político y jurídico de Aristóteles" celebrado en León del 28 al 30 de octubre de 1987. Y aparece ciertamente publicada en sus actas: RUS RUFINO, S. (coord.): *Aristóteles. El pensamiento político y jurídico*. Universidades de León y Sevilla, León 1999; pp.

Pero además de eso, la compleja edición de las obras de Polo ha comportado la pérdida de algunos estudios sobre su pensamiento eventualmente interesantes. Porque a la hora de editar las obras completas de Polo en su serie A, las obras publicadas en vida por el maestro, se decidió reproducir el texto poliano; agregando sólo breves introducciones explicativas de su fuente, pero prescindiendo de los prólogos y estudios preliminares que dicha fuente contenía. Ese proceder, por lo demás adecuado, nos ha privado de aquellos estudios, que en ocasiones contenían información relevante, particularmente desde el punto de vista historiográfico.

Como fuimos autores de ocho de esos prólogos, y para que no se pierdan, hemos decidido reunirlos en este volumen, que se suma inesperadamente a nuestra anterior producción sobre Polo.

Confiamos en que esta excesiva producción tenga alguna utilidad para difundir la filosofía poliana.

Juan A. García González
Málaga, 2.V.2025

11-6. Pero su texto fue utilizado luego por Polo para su conferencia en las "XXXVIII Reuniones filosóficas" dictada en Pamplona el 29 de abril de 1999, y consecuentemente publicada en *Anuario Filosófico*, Pamplona 32-2 (1999) 477-85. El texto definitivo de *La amistad en Aristóteles* ha sido publicado en el volumen XVI de las obras completas (*Escritos menores* II).

Otro ejemplo: el texto *Ética e historia* es un apartado de *La "sollicitudo rei socialis": una encíclica sobre la situación actual de la humanidad*; una contribución de Polo al volumen colectivo FERNÁNDEZ, Fdo. (coord.): "Estudios sobre la encíclica 'sollicitudo rei socialis'". Unión editorial, Madrid 1990; pp. 63-119. Esta contribución se incluyó como un capítulo de *Sobre la existencia cristiana*. Eunsa, Pamplona 1966 (cuya segunda edición se tituló *Sobre la originalidad de la concepción cristiana de la existencia*. Eunsa, Pamplona 2010[2]; obra incluída en el volumen XIII de las obras completas. Por su parte, aquel apartado mencionado se incluyó en *El hombre en la historia*. Universidad de Navarra, Pamplona 2008; y finalmente se ha integrado en el volumen XVIII de las obras completas.

En el libro *Obra de y sobre Polo* (Bubok, Madrid), cuya última edición es de 2019, damos cuenta de esas complicaciones editoriales.

ACERCA DE "LA CRÍTICA KANTIANA DEL CONOCIMIENTO"[2]

1. Origen del texto

El texto que aquí presentamos bajo el título *La crítica kantiana del conocimiento* se corresponde con un curso de teoría del conocimiento impartido por Leonardo Polo, durante el año académico 1974-75, a alumnos de la licenciatura en filosofía de la Universidad de Navarra. Alguien debió de mecanografiar los apuntes de ese curso; los cuales, corregidos por Polo y fotocopiados, se distribuyeron al año siguiente entre los alumnos del nuevo curso; por uno de los cuales llegó a mí el texto original. Cristina y Leyre (mi agradecimiento expreso a ambas) informatizaron el texto que me llegó; y yo personalmente he corregido la versión final para que pudiera ser editada.

El hecho de que estos apuntes hayan sido corregidos en una primera instancia por Polo, garantiza hasta cierto punto el contenido del texto; si bien, repito, se debe a mi persona la revisión final de la presente redacción: revisión principalmente literaria aunque no sólo, pues en ocasiones me he permitido incluir alguna glosa. Además, la articulación del texto en capítulos y epígrafes, así como las contadas notas a pie de página, han sido completadas por mí. Todo ello, desde luego, con la mejor voluntad de trasladar al lector el pensamiento, y

---

[2] *Presentación* de "POLO, L.: La crítica kantiana del conocimiento". Cuadernos del *Anuario filosófico*, serie universitaria, nº 175. Univ. Navarra, Pamplona 2015; pp. 5-11. Traducción portuguesa: *Apresentaçao*: *A crítica kantiana do conhecimiento*. Escala Sao Paulo 2007; pp. 7-14.

aun la palabra, polianos. Con todo, he de dejar constancia en primer lugar de que no todas las correcciones que Polo hizo al texto original han podido ser recogidas en esta versión final; porque su minúscula letra, escrita además en unas copias que tienen ya casi treinta años, en algunos casos se ha borrado parcialmente, y en otros, por alguno de ambos motivos, resulta ilegible. De todas las maneras, huelga decir que lo que aquí se presenta son unas lecciones de Polo sobre teoría del conocimiento, basadas en un examen de la gnoseología kantiana; y que la participación del que suscribe en ellas es meramente instrumental. Porque, además y finalmente, las correcciones o glosas introducidas obedecen a la intención de dejar bien establecido el contenido teórico del texto: *amicus Plato, sed magis amica veritas*.

2. Contenido del texto

Podríamos resumir el contenido de este curso poliano así. Ciertamente, se trata de un curso de teoría del conocimiento basado en un comentario a la *Crítica de la razón pura* kantiana. El texto es muy lacónico, como se corresponde con su procedencia de unos apuntes escritos; y examina básicamente la estética y analítica trascendentales de Kant. Le interesan a Polo principalmente el conocimiento sensible y la realidad del espacio y del tiempo, así como la distinción sujeto-objeto en el conocimiento intelectual. Para debatir la primera temática, Polo acude al pensamiento aristotélico-tomista, y a algunas observaciones científicas; en cambio, para glosar la segunda, Polo se refiere a otros autores del pensamiento moderno y contemporáneo: sobre todo Hegel, pero también Husserl, Heidegger, etc.

Temáticamente Polo se centra en los siguientes puntos doctrinales:

- unos rudimentos de metafísica clásica en orden a definir la crítica; a delimitar las nociones de ser, ente, principio, etc.; a establecer las dimensiones de la verdad, y de la referencia del pensamiento al ser; o a mostrar el sentido de la noción de intelecto agente.

- un contraste entre la *Estética trascendental* kantiana, que expone sucintamente, y la psicología filosófica tradicional, de resultas del cual se justifica la idea de que Kant, en cuanto que epistemólogo, comete errores de bulto.

Al margen de ello, y en comparación con el *Curso de teoría del conocimiento* publicado por Polo entre 1984 y 1996[3], el mencionado contraste muestra algunas diferencias explícitas. Por ejemplo, en este texto y a diferencia del *Curso...*, se describe el espacio olfativo con características comunes al táctil y al visual; se distingue entre las intenciones *sensatae* e *insensatae* de la fantasía con precisión, y sin referencia al sensible *per accidens*; y se adscribe a la cogitativa, no sólo el presentimiento del futuro, sino también un juicio particular sobre la realidad sentida más neto que el que se le concede en el mencionado *Curso...*.

- una crítica de las nociones kantianas de espacio y tiempo basada tanto en la psicología clásica (desde su concepción modalizada de los sensibles comunes), como en tópicos de la ciencia actual (la geometría proyectiva, la noción física de campo, el principio de inercia, etc.), tópicos que en el *Curso...* han desaparecido prácticamente por completo.

Dentro de esa crítica quiero resaltar la exposición poliana de una sucinta historia de las nociones acerca del tiempo que es bien interesante, y que no he encontrado en otros lugares de la obra de Polo. Abarca, al menos, tres momentos básicos:

a) el tiempo epocal, tanto físico como anímico, al que Polo llama precientífico;

b) la idea de un universo actual, fijo, inmutable, intemporal; y su contraria de la sucesión, variación y cambio constantes; dualidad que late, cuando menos, en toda la filosofía griega;

c) y la noción de tiempo general, más bien moderna, que engloba dentro de sí tanto las permanencias como las modificaciones. Ciertamente interesante

---

[3] OC, IV-VII.

al respecto es la reducción a la conciencia que propone Polo de la concepción moderna de este tiempo general.

- una discusión de la dialéctica hegeliana, y una crítica de su idea de la identidad, que ofrece también sus peculiaridades respecto de otros estudios polianos sobre Hegel (básicamente, una todavía parcial aproximación a la formalización de la negación como método intelectual).

- y un planteamiento de la teoría del conocimiento humano -una discusión del enfoque sujeto-objetualista que Polo descubre en el pensamiento contemporáneo como heredado de la filosofía moderna-, que, aun sin ubicarla netamente, barrunta la noción aristotélica de praxis cognoscitiva, coactualidad de operación y objeto. Pero Polo intenta ensanchar esa coactualidad, para acabar remitiendo el ejercicio cognoscitivo a una radical antropología del conocimiento. Con todo, no aparece aún la noción de hábito noético, y del intelecto agente sólo se hace un apunte introductorio.

Para una completa interpretación del porqué Polo construye su teoría del conocimiento con estos elementos, me parece oportuno ubicar este curso dentro de la producción filosófica poliana de los años 70.

3. La filosofía de Polo en la década de los 70

Polo pensó, en una primera instancia, los grandes trazos de su filosofía –el límite mental y la posibilidad de su abandono- a mediados de los años 50. Más tarde consagra al planteamiento general y a la primera dimensión del abandono del límite mental la primera exposición pública de su filosofía, los tres libros editados a mediados de los años 60[4]. Con todo, hasta el inicio de la década de

---

[4] *Evidencia y realidad en Descartes, El acceso al ser* y *El ser I: la existencia extramental,* OC, I-III.

los 70 Polo no redacta completamente todas las dimensiones, en particular las antropológicas, de su propuesta de abandono del límite mental[5].

Pues bien, entre estos inicios de los años 70 y la que llamo segunda exposición pública de su filosofía, que Polo reemprende precisamente con el *Curso de teoría del conocimiento* a partir de 1984, hay una década de un relativo silencio de Polo. En parte debido, creo, a la incomprensión que padecieron sus primeros libros; y en otra parte debido también al propio desarrollo del pensamiento de Polo, que todavía no había terminado de consolidar su más madura formulación.

En otro lugar[6] he señalado que en la transición entre la primera y la segunda exposición de su filosofía, Polo ha encontrado el enlace de su pensamiento con la filosofía tradicional, básicamente al entender la noción aristotélica de praxis cognoscitiva. Desde ella, y a finales de los años 70 comienzos de los 80, Polo retoma su exposición del límite mental y la metodología que lo abandona[7].

Pero en esta década de transición y silencio, la investigación poliana no se detiene, y yo querría indicar ahora algunos de los ámbitos en los que se despliega, en buena medida comprobables además en el texto que presentamos. Valgan estas sugerencias:

- Polo quiere establecer con precisión, en el seno de la teoría del conocimiento, su filosofema del límite mental y las dimensiones intelectuales que se ejercen en su abandono. A tal fin, imparte cursos de teoría del conocimiento, como el presente; inicialmente basados en Kant, y más tarde en Aristóteles. Pero también imparte cursos de psicología racional, para estudiar la teoría clásica del conocimiento que late en ella, y también para examinar a algunos autores modernos que le despertaban, por diversas razones, algún interés. Son conocidos

---

[5] Los manuscritos de la *Antropología trascendental* están fechados en 1972 (OC, XXVIII-XXIX). En 1971 apareció el artículo *La cuestión de la esencia extramental* (OC, IX) como un resumen temático de la segunda dimensión del abandono del límite.

[6] Cfr. FALGUERAS-GARCIA-YEPES: *El pensamiento de Leonardo Polo*, Cuadernos de Anuario Filosófico, Serie Universitaria nº 11, Pamplona 1994, p. 42.

[7] Considero muy significativo al respecto el artículo *Lo intelectual y lo inteligible*, de 1982 (OC, IX).

sus cursos –cuyos inéditos se conservan en el archivo de la obra poliana de la Universidad de Navarra- sobre el psicoanálisis y la psicología como ciencia, que sacan a la luz lo psíquico, lo psicológico sin logos, en Kierkegaard, Freud y otros autores modernos.

- Por otro lado, Polo estudia la ciencia actual: los debates sobre la ciencia, y la repercusión de las doctrinas científicas en la filosofía, tan usuales en la filosofía de la naturaleza y de la ciencia del siglo XX. Son conocidos los manuscritos sobre la mecánica y la física que distribuía entre sus alumnos, por ejemplo en el curso 1979-80 que yo recibí de él. Inicialmente pensé que Polo investigaba la heterogeneidad de movimientos, doctrina dirigida a precisar la diferencia entre los movimientos físicos y los procesos cognoscitivos, que son praxis sin mediación temporal, simultáneas. Pero, leyendo el curso que ahora presentamos, se advierte que además Polo buscaba en estas doctrinas científicas una tematización física del espacio y del tiempo, y deslindar ambas realidades de sus humanas objetivaciones.

- Finalmente está la vieja pugna de Polo con Hegel, que se resolverá antes de la edición del libro *Hegel y el posthegelianismo*[8], y que ciertamente dio que hablar al permitir en alguna ocasión considerar a Polo como un pensador aparentemente hegeliano. Desconozco los años exactos de esa pugna, pero sabemos que a Hegel Polo ya había dedicado el capítulo segundo de *El acceso al ser*, editado en 1964[9]; y también que los textos que componen su libro sobre Hegel estaban ya redactados con alguna anterioridad, pues fueron mecanografiados, en parte por mí, a comienzos de los 80. No es extemporáneo, por tanto, situar también esa pugna en esta década –yo sospecho que bien en sus comienzos-, orientada ciertamente a resolver los problemas gnoseológicos planteados por la dialéctica, pero también a discutir algunos otros tópicos, metafísicos y antropológicos, de la filosofía hegeliana. De hecho, el artículo *El*

---

[8] OC, VIII.
[9] OC, II.

hombre en nuestra situación[10] data de 1979, y en él Polo formaliza la dialéctica hegeliana de la manera más estándar (A, no-A, A y no-A). Observaré, de pasada, que en el curso que presentamos, la dialéctica hegeliana todavía no está así formalizada, simbolizándose en particular el tercer momento más que como síntesis (A y no-A) como doble negación (negación de no-A: no-no-A).

4. Valoración del texto

Dicho esto, quiero hacer alguna observación final en orden a valorar la importancia del texto que presentamos.

Ante todo no puedo ocultar que es preciso distinguir lo que un autor publica, digamos, por sí mismo, de los textos inéditos, o póstumos; y de los que dan a la luz sus discípulos, seguidores o admiradores, como es el caso. Polo quiso publicar un libro sobre Descartes y otro sobre Hegel, principio y culminación del subjetivismo moderno; en cambio no se ocupó de publicar uno sobre Kant: y cabe pensar que sus razones tendría para ello. Con todo, el número y frecuencia de las referencias a Kant que hace Polo a lo largo de su obra tampoco nos deben de pasar desapercibidos.

Justamente, opino que Kant es el interlocutor oculto de la filosofía de Polo; tanto por lo que hace a su agnosticismo metafísico (bien contrario a la pretensión de abandonar el límite mental en orden a la existencia y esencia extramentales), como por lo que hace a su consideración trascendental de la libertad (también estrecha en comparación con la tematización poliana de la libertad trascendental, que se alcanza al abandonar el límite en sus dimensiones antropológicas). La filosofía poliana del límite mental es, en último término, una antropología del conocimiento; y en ello creo que se asemeja a la consideración trascendental del conocer que Kant adopta para hacer su crítica del conocimiento.

Y efectivamente, el agnosticismo metafísico de Kant estriba en dos puntos: la distinción fenómeno-noúmeno, y el carácter inobjetivo, acientífico, de la

---

[10] OC, X.

metafísica. En cambio, la percepción poliana del límite mental permite afirmar que la distinción relevante no es la de fenómeno y noúmeno, sino la distinción entre la verdad conocida y el ente real, de acuerdo con la cual las dimensiones metafísicas del abandono del límite mental acceden a la realidad precisamente delimitada como extramental: *esse rei, et non veritas eius, causat veritatem intellectus*. Por otro lado, estas dimensiones del abandono del límite mental sugieren que la metafísica es un saber habitual, el hábito de los primeros principios y el de la ciencia especulativa (racional), bien distinto de la objetividad intelectual, siempre sometida al límite. De resultas de ambas observaciones, cabe afirmar que la realidad extramental es causa, la concausalidad predicamental o el primer principio de causalidad trascendental, porque la causalidad no es meramente una categoría subjetiva. La crítica de Hume a la causalidad –Kant no ha salido adecuadamente del sueño dogmático- debe dirigir nuestra atención a su inobjetividad, y no tanto a su *status* subjetivo.

Por el otro lado, la antropología trascendental kantiana es postulativa, lo cual se debe a que otorga una actividad espontánea al sujeto cognoscente, pero a costa de privarle de realidad: el sujeto real es el sujeto sometido a las leyes de la moralidad. Pero en verdad, la actividad constructiva de objetos es muy pobre cometido para la libertad trascendental. En cambio, la filosofía de Polo concede al límite mental la salvaguarda de la esencia humana, preservando su inmixtura con el orden causal y principial de la realidad extramental. Por tanto, resulta ajena a ella toda tarea de constitución fundamental, de construcción espontánea de la objetividad. Por consiguiente, la dualidad básica de lo humano no es la que diferencia razón teórica y razón práctica, sino la que distingue la esencia del hombre de su ser personal –y paralelamente los hábitos cognoscitivos de la sindéresis y de la sabiduría-. Desde la distinción teoría-práctica kantiana no se puede reparar en el intrínseco carácter veritativo de la voluntad humana, y de la consiguiente acción práctica; ni, sobre todo, en la dependencia de la esencia del hombre respecto de su ser persona: evidentemente, la conciencia trascendental no es personal.

En último término, Kant desconoce los hábitos noéticos, en particular los que se dicen innatos, que constituyen las ultimidades del ejercicio cognoscitivo; si bien siempre en referencia al intelecto agente, porque lo último en todo lo humano es el ser personal. La lectura antropológica de las críticas kantianas, como el enfoque antropológico del ejercicio cognoscitivo, es imprescindible, y constituye justamente el apéndice con el que termina Polo su curso.

LA CAUSALIDAD EXTRAMENTAL[11]

El orden predicamental es el orden causal. Es oportuno entonces prologar este libro hablando de la causalidad extramental.

Voy a proponer la que llamo interpretación "epistemológica" o "intelectualista" de la causalidad. Bien entendido que entrecomillo esos términos porque entre el orden causal y el intelectual hay una separación taxativa, como el propio Polo repite insistentemente en este libro: lo intelectual no es causal; lo causal es lo físico. Pero denomino de esa manera a esta interpretación de la causalidad para extremar su sentido y hacerlo entonces más ostensible.

Mi interpretación de la causalidad quizá no es exactamente la poliana. Yo diría que sí, que lo es. Pero la expongo advirtiendo que puede no coincidir con ella; falta de coincidencia que achacaría a mi ignorancia. Y lo hago de todas las maneras porque, aunque esta exposición de la causalidad no coincidiese con la poliana, además de que yo tengo la mía por verdadera, no dudo de que es compatible con lo nuclear de la doctrina poliana de la causalidad, y con el conjunto de su filosofía; y además porque, en todo caso, confío en que servirá para comprender el pensamiento poliano.

El fin del universo es la verdad

Esta interpretación de la causalidad parte de la idea de que el fin del universo es ser conocido por el hombre, la verdad que el hombre posee al

---

[11] *Prólogo* a "POLO, L.: El orden predicamental". Cuadernos del *Anuario filosófico*, serie universitaria, nº 182. Univ. Navarra, Pamplona 2005; pp. 7-19.

conocer. Entiéndase esto con toda su exigencia: la realidad física ocurre para ser contemplada por el hombre; sin el hombre el universo estaría incompleto.

Planteamiento que encuentra algún respaldo en la tesis tomista según la cual el último fin del universo es la verdad: *oportet igitur ultimum finem universi esse bonum intellectus, hoc autem est veritas* (*Contra gentes* I, 1; texto, por otra parte, al que creo que se refiere Polo cuando habla de la contemplación del orden, en la nota 11 del libro). Otros antecedentes afines a esta posición son los pensamientos de Anaxágoras acerca de la separación del *nous* y su ordenación de las cosas, sin él entremezcladas (Fragmento 12); la idea aristotélica de que el primer motor del cosmos es la *noesis noeseos noesis* (libro XII de la *Metafísica*); y, de un modo más fácilmente asequible aunque más descolocado temáticamente, la pretensión hegeliana de que la historia tiene el sentido de construir el concepto en el que la idea se reconozca enteramente, recuperándose así de su alienación (Introducción a las *Lecciones sobre la filosofía de la historia universal*).

Si el fin del universo es la verdad, inmediatamente hay que distinguir el fin poseído por el cognoscente humano, y el fin en sentido causal o el valor causal del fin; porque ya hemos dicho que *physis* y *logos* se contradistinguen.

Con todo, la operación cognoscitiva del hombre es precisamente inmanente, posesiva de fin. El fin poseído es, ante todo, el fin que la operación persigue; tal y como dice Polo en este mismo libro: la operación intelectual no tiene *peras*, sino *telos*. De acuerdo con ello habla Aristóteles de que el conocer es *praxis* y no *kinesis*; y de acuerdo con ello dice Tomás de Aquino que el conocer es inmanente, posesivo de fin, y no medial y transitivo, con un término exterior a sí mismo.

Pero, en un segundo sentido no enteramente diferente del primero, el fin que la operación posee es el fin que se contrapone al principio. La metodología poliana arranca de la detección del límite mental y sugiere su abandono en dirección a dos instancias: la realidad –ser y esencia- del mundo, que viene a ser lo conocido al conocer; y la realidad –ser y esencia- de la persona, que viene a ser el cognoscente que al conocer conoce; la mismidad noética conocer-conocido se amplía por ambas partes. La primera y la segunda dimensión del abandono del límite, las que constituyen la física y la metafísica porque se dirigen a conocer la causalidad predicamental y trascendental, tienen una orientación hacia lo previo, hacia lo primero: desde la antecedencia del límite mental hasta los principios predicamentales, el comienzo trascendental y el origen insondable. La metafísica es filosofía primera, también porque busca la prioridad más radical.

Pues bien, lo contrapuesto a lo previo es lo posterior, y lo contrapuesto al comienzo la continuación; vale decir, lo que se contradistingue de los principios, próximos o últimos, son los finales, los fines. Como el punto de partida de nuestro conocimiento es la abstracción de una noticia sensible que procede de inmutación externa, lo que se busca a partir de ahí son prioridades y principios. Desde la antecedencia del límite hacia lo previo. Hay como una parcial correspondencia o mutuo requerimiento entre ambos extremos (parcial porque el hombre no conoce sólo abstrayendo; es decir, no se agota en su correspondencia con el universo, o no se corresponde sólo con él); hay como una especie de amable complementariedad entre límite y prioridades, o entre abstracción y principios. Como, por otra parte, el abstracto no es tampoco efecto de la inmutación del organismo, sino su manifestación al ser ésta iluminada por el intelecto, esa correspondencia mencionada se enmarca en un contexto más amplio.

Para Polo, el ser humano es *co-ser* y la antropología amplía la metafísica; pero sin negarla, es decir, *sin desdoro o descalificación* hacia ella; porque el hombre coexiste también con el universo. Por mi parte, en algún sitio me he permitido hablar (*Principio sin continuación*, Málaga 1998) de realismo virtual; porque, de acuerdo con la metafísica poliana, el universo es potencial, y su existencia el ser de lo virtual. En cambio la actualidad es para Polo mental, precisamente el límite mental. El cual es indicio de la persona, que es un ser *además*. La abstracción no es una prescisión o reducción, sino un *plus* añadido: el del conocimiento; ocurren las cosas, y además las conocemos. Al hombre compete ser segundo, añadir y continuar: actualizar las virtualidades de lo real. Al conferir la actualidad, al objetivar, el hombre tiene un mundo ante sí. Polo ha glosado muy abundante y certeramente ése estar-en-el-mundo del hombre según la intencionalidad cognoscitiva (*Curso de teoría del conocimiento*, tomo 2, OC V, lecciones 2 a 5). Muy conforme con ello, el fin se posee en el acto cognoscitivo; fuera de él, en cambio, prioridades reales, causas y principios, en cuyo ámbito encontraremos el sentido causal del fin.

La causalidad final

Ciertamente, hay que encontrar el sentido causal del fin; porque, insisto, el fin como causa se distingue del fin poseído.

Ante todo, la causa final es el orden, el orden entre las causas. De aquí el título del libro, *El orden predicamental*; y de aquí también el tema de este prólogo: la causalidad. La unidad causal exige la consideración conjunta de las cuatro causas, la tetracausalidad que dice Polo; y ello pide atender a la causa final, al orden: sustancias, movimientos, naturalezas…, y el orden entre todos ellos. El universo no es sustancia separada, ni naturaleza dinámica; sino que la unidad del universo es la unidad de orden. Pero el orden es a veces, o en parte, interno; y otras veces, o en otra parte, externo. Porque el orden causal pide la ordenación entre las causas y concausalidades, su éxito al concurrir –según número, dice Polo en este libro-, y éste es un orden intrínseco. Pero el orden causal también y sobre todo es extrínseco, porque dice a qué se ordena la concurrencia causal: a la verdad, que el hombre puede contemplar. El universo está ordenado a su conocimiento por el hombre. Pero, suele decir Polo, el orden, el fin, no se cumple por entero, porque su cumplimiento corre a cargo de otros sentidos causales; la concausalidad del fin con las demás causas es justamente el sentido en que el fin es causal.

En segundo lugar, el sentido causal del fin se concentra en el movimiento: la causa final es causa de la causa eficiente. La efectividad del cosmos, eso es lo que pide la verdad de nuestro conocimiento. El fin es poseído al conocer; y su valor causal es la eficiencia de lo físico, sin la que la verdad poseída desaparecería, carecería de prioridad, de fundamento. Pues bien, la consideración del valor causal del fin en términos de eficiencia nos permite una analítica de las concausalidades físicas que entiendo muy ilustrativa.

a) Ante todo, hay una forma de ser efecto físico, es decir, de ser efecto del fin, de ocurrir físicamente. Esa forma es paradigmática, un ejemplo de la causalidad del fin sobre la eficiencia; hasta el punto de que los griegos le concedieron valor ejemplar, y hablaron de causa ejemplar: es la forma circular, a la que Polo llama razón formal de efecto físico. Concedamos que lo circular formalmente es la constancia, la continuidad. La continuidad de lo efectivo, la efectividad constante, el mantenimiento de la eficiencia: ése es el efecto del fin, ésa es la exigencia de la verdad. Aristóteles dice que las transformaciones entre los elementos imitan el movimiento circular. Mediante los meteorológicos, lo sublunar consigue ser efectivo, y perdurar a pesar del cambio; o mejor gracias a él. Ser y devenir dejan ya de oponerse, como en Parménides o Platón; porque los elementos logran ser mediante procesos de permuta: el devenir como forma de ser; tiempo y ser. Eso está implícito en la noción de *unum in multis* no simultáneos, lo explícito al concebir. Buena parte de los esfuerzos de Polo (tres o cuatro años dice en este libro) se dedicaron a estudiar este sentido paradigmático de la causalidad final. Si no lo entendemos, no podemos hacernos con el significado del orden predicamental.

b) En segundo lugar, el efecto físico puede deberse no sólo a la causa final, sino a otra causa concausal con él. Para ello es menester la comunicación de la forma de efectuar a esta segunda causa. El efecto ahora será también y básicamente efecto del fin, pero en concausalidad con otra forma que ya es capaz asimismo de efectuar. Tal es la luz; y a este segundo sentido de la causalidad final conviene la noción de efecto formal; otros efectos formales, también físicos, que no se reducen a la misma forma de ser efecto físico.

c) En tercer lugar, cabe una cierta inversión del sentido causal anterior. Porque ocurren efectos físicos que se deben con más propiedad a otra causa que a la final. Pero ello no comporta que no sean también efectos de ésta, porque no ocurren ajenos o al margen del fin, sino concurriendo también en el fondo ambas causas en concausalidad. Es la vida, y su evolución mediante funciones y facultades. La vida es automoción, autodirección al fin, eficiencia intrínseca a la forma. Lo más propio de la vida es la potencia formal, coactual con sus perfectos, que son efectivos de acuerdo con aquella concausalidad mutua.

Que ocurran al menos estas tres formas de ser efecto del fin significa que el fin tiene una interna diferencia. Y así es como define Polo a la causa formal: la diferencia interna al fin, que a su vez distribuye la eficiencia. El movimiento circular y las sustancias bicausales, la luz y los cuerpos mixtos, la vida en todas sus formas..., componen la eficiencia distribuída y la interna diferencia de lo ordenado. Si el fin del universo es ser conocido por el hombre, es evidente que eso ocurre de distinta manera en los cuerpos inorgánicos que en los vivos: porque éstos se ocupan ellos mismos de llamar nuestra atención; entre la vida y lo circular, media la peculiaridad de la luz, no ajena al conocimiento, y por ello análoga de la luz mental. Si entendemos esta analítica desde el fin, apreciaremos que no hay una sola manera de ser efecto físico. Y que no la haya implica que la que hemos llamado forma paradigmática de ser efecto físico no sólo no es ejemplar, como pensaban los griegos, sino que es mínima; porque las otras formas de ser efecto del fin comportan, dice Polo en el tomo cuarto de la teoría del conocimiento (OC VII, lección 6ª, 3-B), una ampliación de la medida de la intervención de la causa final. Hay más finalidad en la vida que en los elementos.

Leonardo Polo enfocó inicialmente la concausalidad física desde la oposición entre las causas material y final, oposición que salva la eficiencia, imposible sin forma; es la sucinta exposición de *La cuestión de la esencia extramental* (OC IX). Después consideró más central la diferencia interna al fin, la causa formal, que, como él lo dice, es la causa analítica en cuanto tal. Forma solidaria de la materia, más materia que forma, o más forma que materia; con las consecuencias que para la causa eficiente comportan esas diferencias. Y entonces se distinguen las sustancias elementales y sus movimientos, el ciclo del universal; luego la luz y los cuerpos mixtos; y finalmente la vida con sus funciones y facultades. Creo que es el enfoque del aludido tomo cuarto del *Curso de teoría del conocimiento*. Pero también se puede considerar la concausalidad física desde el fin, y precisamente como causa de la causa eficiente; es lo que he intentado al sugerir esas tres clases de efectos del fin. El lugar de la obra poliana más cercano a este enfoque es el capítulo séptimo de *Nietzsche como pensador de dualidades* (OC XVII). Allí Polo distingue tres formas de tiempo físico (distintas de los tres tipos de tiempo humano que allí también distingue): son la anterioridad, el espacio-tiempo y la sincronía; lo circular, la luz y la vida. Sucede que el fin es causa de la causa eficiente; y la efectividad de lo físico, su plural eficiencia, es el movimiento, el proceso. O con otras palabras, el tiempo físico, fundamento de la medida (el tiempo es la medida -mental- del movimiento según el antes y el después; en este libro que presentamos Polo recoge la idea pitagórica que distingue tiempo numerante y tiempo numerado).

Causa y efecto

El fin es causa de la causa eficiente; en virtud del fin hay efectos físicos. Precisamente, conviene considerar ahora la noción de efecto. Porque ordinariamente las nociones de causa y efecto están asociadas, indebidamente asociadas.

a) Algunos dicen, no sin cierta lógica, que causa y efecto son nociones relativas: porque la causa lo es sólo en la medida en que hay efecto; y el efecto es tal en dependencia de la causa. Pero nada de esto es físico: la realidad física es causal, y nada más que causal. La noción de efecto se reduce, como explica Polo en este libro, a la consideración de ciertas concausalidades al margen del fin: entonces son efectos de él. La suficiencia o separación de las bicausalidades (sustancias) o tricausalidades (naturalezas) al margen del fin es lo que designa la noción de efecto físico. Por ello no es una noción absoluta, porque ninguna concausalidad ocurre fuera del universo.

b) Otra asociación ambigua de causa y efecto aparece en una de las formulaciones habituales del llamado principio de causalidad: todo efecto tiene una causa; como si fueran dos realidades separadas, y conectadas: A pone B. Aparte de las concausalidades que no son la cuádruple, aquí decimos que el mundo humano no es efecto de la concausalidad, sino, en todo caso, de la iluminación intelectual, y mejor aún objeto inefectivo. Y decimos inversamente que la realidad física es virtual, potencial: las causas predicamentales lo son entera y rigurosamente, carecen de efecto propio.

c) La formulación aristotélica del principio de causalidad reza que *todo lo movido es movido por otro* (*Física,* VIII, 4 *in fine*). Ese otro es el fin, porque la causa final es la causa de la eficiente, la causa primera del movimiento. Pero si ese otro se toma por el lado de la causa eficiente, tal que el movimiento es efecto del agente, y a su vez produce sus propios efectos, entonces derivamos hacia un sentido mecanicista de la causalidad, que la trivializa.

En este libro Polo formula una sugerencia al respecto muy interesante. Hume cree que la idea de causalidad procede de una asociación imaginativa formada por la costumbre de apreciar una regularidad en la secuencia temporal; si siempre *post hoc,* entonces *propter hoc.* Kant culmina esta subjetivación de la causalidad al proponer que es una categoría, un concepto, pero una forma humana y *a priori* de entender los fenómenos de acuerdo con su prioridad y posterioridad temporal, o según tal esquema imaginativo. En suma, en ambos casos se trata de que una forma de sucederse los acontecimientos da lugar a una manera humana de asumirlos, imaginativa o conceptualmente. Polo invierte este planteamiento al decir que lo que sucede es que de una manera humana de considerar las cosas, de acuerdo con su conducta y su acción productiva, pasamos a considerar de modo análogo la realidad física, incurriendo en cierto antropomorfismo. Como el hombre al actuar produce cosas que son independientes de él, entonces cree que en la naturaleza se producen efectos distintos de su causa. Pero si la concausalidad culmina con el fin, y esa concausalidad cuádruple es el universo entero, ¿cómo pensar en efectos fuera del universo? La posición del efecto como separado de la causa es físicamente imposible.

En definitiva, efecto son las concausalidades distintas de la cuádruple. Pero como de la causa final no se puede prescindir en absoluto, los efectos son intracósmicos. La causalidad, como tal, no exige efecto, más bien se distingue de él. Si recordamos el aforismo de que *quid recipitur ad modum recipientes recipitur*, entenderemos en seguida que el efecto depende más bien del receptor de la acción que de ésta misma, mientras que la acción causal lo es al margen del efecto en el receptor. Si el universo es potencial, le conviene la metáfora que emplea Jacinto Choza: *el universo es una voz que no se oye a sí misma* (*Manual de antropología filosófica*, p. 26). Con todo, el fin guarda una diferencia interna, que explicitamos al analizar las distintas concausalidades no cuádruples, los efectos intracósmicos.

La causalidad trascendental

En estas consideraciones late otra conjunta de la causalidad predicamental. Ella nos permitirá una formulación, más ajustada que las mencionadas, del principio de causalidad: la consideración de la causalidad como un primer principio.

Aparte de que puedan analizarse las concausalidades efectivas, *existe un universo*; es el juicio que corresponde a la concausalidad cuádruple, a la esencia extramental, tal y como lo propone Polo en este libro. Existe un universo, es decir, se da el orden: el universo está ordenado a ser conocido por el hombre. La consideración, la contemplación del orden, es algo grandioso, dice Polo también en este libro; y permite ensalzar la quinta vía tomista por encima de las demás. Porque además del orden predicamental está el orden de lo intelectual, y el gobierno y providencia divinos. Ordenar es propio del sabio; y Dios no es creador como un mero poder ciego, como la explosión de un big-bang, sino como persona que da el ser; Dios es el *ipsum intelligere subsistens*, o la *noesis noeseos noesis*.

Pero además, la consideración conjunta de la causalidad predicamental remite a la causa trascendental. Si la concausalidad cuádruple es la esencia del universo, su ser, realmente distinto de ella, es su estricta admisión, la causalidad unitariamente considerada, la causa trascendental. De acuerdo con ella se formula la sentencia, sin la cual —dice Polo también en este libro- el realismo es imposible: *esse rei, et non veritas eius, causat veritatem intellectus* (Tomás de Aquino, *Summa theologiae*, I, 16, 1 ad 3); o también: *veritas fundatur in esse magis quam in quidditate* (*In I Sent.* 19, 5, 1).

El ser del universo ya no es causa predicamental, porque las causas predicamentales son sólo cuatro, y lo son *ad invicem*, son causas entre sí. Pero sí es principio, el primer principio, implícito en el juicio *existe un universo*. Al explicitarlo se lo conoce como fundamento: el fundamento de la causalidad predicamental. Pero al entender el fundamento habitualmente, según la tercera dimensión del abandono del límite, distinguimos la pluralidad de los primeros principios.

Según Polo, no hay un único primer principio: el ser como fundamento; también porque la unicidad es propiedad del límite mental. Lo que pasa es que, sin el abandono del límite, la pluralidad de primeros principios no se aprecia con nitidez: se confunden los principios, se maclan. La macla griega asocia el principio de contradicción con el de identidad, en perjuicio de la causalidad trascendental. El ente griego es idéntico consigo mismo y por eso no contradictorio (A no es no-A, porque es A); pero más bien al margen de la verdad, eterno e incausado. La macla moderna asocia la causalidad con la identidad, en perjuicio del principio de contradicción. El proceso dialéctico genera la verdad, la identidad final, pero negando la suficiencia de los momentos. En cambio, la advertencia de los primeros principios en su mutua vigencia asocia más bien la causalidad con la no contradicción, preservando el carácter originario de la identidad.

El fundamento, el ser del universo, en cuanto que distinto de su esencia es el principio de no contradicción; porque lo no contradictorio es que el ser persista. La persistencia es el primer principio de no contradicción. Pero el ser del universo, en cuanto que vinculado a su esencia, que es la concausalidad predicamental, es el primer principio de causalidad trascendental, la admisión de la esencia extramental: *esse rei causat veritatem intellectus*. ¿Cómo la causa? Analítica de las causas predicamentales, de las que la primera es el fin.

Pero decir que el ser es primer principio de causalidad trascendental no equivale a decir que la esencia sea efecto suyo, sino a admitirla como concausalidad cuádruple: existe la tetracausalidad, su ser es la causa trascendental. Entre otras cosas, porque, como ya hemos indicado, causa no significa ni implica efecto: el ser no se refiere a la esencia según ninguno de los sentidos causales predicamentales. Precisamente el ser es causa trascendental en cuanto que la causa más que al efecto remite a su anterioridad, al agente de la acción. Así, el principio de causalidad trascendental permite entender el ser del universo como causa primera.

Polo ha rechazado la noción de causa primera por espontánea y por degradarse en sus efectos (*Nominalismo, idealismo y realismo*, OC XIV, p. 230). Eso vale si se aplica a Dios como creador del universo; pero no para el ser del universo, que es causa al margen de efecto, y por tanto ni espontánea ni degradada. En cambio Polo habla del primer principio de causalidad trascendental, es decir, de que en algún sentido la causalidad es primera.

La novedad del planteamiento poliano que permite hablar de causa trascendental es que tal principio está señalando la dependencia creatural; la cual suele formularse inversamente, diciendo que la criatura es efecto de Dios, que sería la causa primera. Pero esto hay que invertirlo: el ser del universo es la causa primera. Porque si la causa fuera Dios y el universo su efecto, lo causal no sería la criatura material sino Dios. En cambio el principio de causalidad trascendental es la admisión de la causalidad predicamental; y permite entender que el ser del universo es la causa... , bien entendido: si la causa no remite al efecto, sino al origen incausado. Se produce así la *alteración completa del par nocional causa-efecto*: pues *lo creado es la causa, no el efecto* (Id., p. 226).

Esa inversión nocional es posible, insisto, precisando que el ser del universo es causa, principio de causalidad trascendental: a) si causa no es causa de efecto; y b) si causa es causa causada. Causa primera no es causa *de...*: ni de efecto, ni de resultado alguno. La noción de causa no exige efecto, más bien lo impide, por la sencillísima razón de que lo creado no es el efecto sino la causa. Ya hemos dicho que el universo es potencial, y hemos hablado de realismo virtual; también hemos relativizado la noción de efecto. En cambio, causa primera es causa causada, es decir, dependiente del origen incausado. Porque la identidad entre el ser extramental y la verdad es originaria, superior a todo comenzar o principiar. Y además la causa primera, al no serlo por sí misma sino en referencia a la identidad originaria, muestra que ésta es también superior al causar: es incausada, inalcanzable mediante proceso causal alguno.

En suma, para que la causalidad sea primera, la causa ha de entenderse como causada y no como causa de. Lo que está en juego es si la noción de causa dice relación a lo posterior, al efecto subsiguiente, o a lo anterior, al origen incausado. Aquí está la inversión nocional del par causa-efecto, una retroferencia de la causalidad: desde el efecto al origen; la causa no es causa de efecto, sino causa causada. El ser del universo es creado, porque la causa de la verdad remite a la identidad originaria. La creación del universo es la mutua vigencia de los primeros principios: el de no contradicción, el de causalidad y el de identidad. La causa primera será principio no contradictorio, persistente, junto con la originaria identidad divina; la causa primera y la identidad sin la cual no es causa lo primero ni primera la causa.

La analítica de la causalidad predicamental encuentra que el universo se ordena a la verdad, que el hombre posee al conocer. Este es el orden predicamental, al que Polo dedica el presente libro. Pero el universo es potencial; la actualización de la verdad, su posesión y contemplación, es obra humana. La acción causal no exige el efecto, que más bien depende de su receptor.

La consideración unitaria o trascendental de la causalidad advierte que *esse rei causat veritatem intellectus*. Pero la causa trascendental sólo persistentemente causa, es decir, es no contradictoria; porque la identidad del ser con la verdad es originaria, imposible como término, resultado o fin de la acción causal, o incompatible con cualquier procedencia. Causar remite al agente más que al efecto. La causa funda, pero apelando al Origen.

La postmodernidad ha negado la metafísica, porque ha rechazado la idea de un sujeto absoluto, de una razón suficiente, de principios y de causas; nociones todas que percibía como contrarias a la libertad humana, incompatibles con el pluralismo y la finitud de nuestro saber. Ahora bien el pensamiento postmoderno rechaza a Hegel, a Kant o a Descartes; pero no conoce, no entiende correctamente la filosofía clásica. Porque el realismo virtual, de causas y principios, de la metafísica poliana, que continúa la distinción aristotélica entre *physis* y *logos*, es el soporte más adecuado para una antropología trascendental; que separa al hombre del ser material, y lo ubica en el mundo, pero también en la sociedad y en la historia. Es la metafísica que puede corresponderse con la actual actitud hermenéutica; más aún, es la metafísica que, por distinguir el ente en cuanto verdadero del ente extramental, exige corresponderse con un intelecto separado, con una esencia humana salvaguardada en su estatuto diferencial, y con una libertad trascendental.

NOTAS PRELIMINARES

1.   *El orden predicamental* es un curso de doctorado que D. Leonardo Polo impartió en la Facultad de Filosofía y Letras de la Universidad de Navarra el año 1988. Supongo que se grabaron en cintas todas sus clases, aunque da la impresión de que falta alguna de las iniciales. He transcrito esas cintas a texto escrito, y he corregido ese texto hasta dar a luz el libro tal y como aquí se presenta. Tanto las cintas como su transcripción literal se conservan en el archivo Polo de la Universidad de Navarra.

La transcripción de las cintas fue paciente, pero no ofreció mayores problemas. La corrección de esa transcripción literal hasta obtener el texto actual merece las siguientes puntualizaciones:

- La división en apartados y epígrafes es, lógicamente, mía; porque en la grabación oral no hay otras separaciones que las que median entre las distintas clases. La división instrumentada obedece al contenido e intenta secundar la intención expositiva de Polo, tal y como la he podido comprender.

- Las escasas notas a pie de página son también mías; todas excepto la cinco (indeterminada en el original: dice cuestión *setenta y tantos*), la once (que refiere al capítulo 110, mientras que yo he remitido al 111) y la quince (que he completado).

- Se han intentado evitar giros lingüísticos excesivamente más propios del género oral que del escrito. Como esos *en rigor, en rigor...* o *por una simplicísima razón...* tan característicos del habla de D. Leonardo. Buena parte de las ideas eran introducidas con algo así como *llegados a este punto, ahora estamos en condiciones de hacer la observación siguiente...*; la mayor parte de esas introducciones han sido suprimidas.

- Se han mutilado también algunos *excursus* divagatorios (sobre el carácter de los ingleses, la invasión árabe de la península ibérica, etc.) por apartar de la línea central del discurso, y por entenderlos poco justificados: eran más bien relajaciones de la atención en la clase.

- Cuando Polo trata de la materia en la vida, del cuerpo vivo, del organismo, la transcripción hablaba de causa material fundada (organizada, fundada por el alma). Como la cuestión del fundamento es otra, y como en el tomo cuarto del *Curso de teoría del conocimiento* se refiere a causa material fundida (que funde los sentidos *in qua* y *ex qua* de la causa material), he preferido quedarme con este último término.

Con todo, el libro no puede ocultar su procedencia de clases orales. Eso debe comprenderlo el lector.

2. *El orden predicamental* se inscribe en el período de años que transcurren entre la publicación de los tres primeros tomos del *Curso de teoría del conocimiento* (1984, 1985 y 1988) y la de las dos partes que componen el tomo cuarto (1994 y 1996). Algo menos de una década en que Polo se dedica intensamente a pensar lo físico: tan difícil de pensar como plural, rico y complejo. A ese período pertenecen también *El conocimiento racional de la realidad* (Bogotá 1989, Pamplona 1992 y publicado en 2004), *El logos predicamental* (Pamplona 1994, inédito), *Inactualidad y potencialidad de lo físico* (Málaga 1996), todos ellos recogidos en *El conocimiento del universo físico*, OC XX, y algún otro texto inédito.

Merece la pena la publicación de este curso para comprobar el trabajo intelectual de Polo en esa década, hasta fijar su propio pensamiento. Además, en comparación con esos otros textos y con el mismo tomo cuarto de la teoría del conocimiento, *El orden predicamental* destaca quizá por lo siguiente:

- su tratamiento, más minucioso que en otros lugares, del lenguaje: del lenguaje primario (verbo-nombre), y de otras formas de lenguaje superiores.

- su dimensión metódico-temática. Está incluso más dedicado a la epistemología que *El conocimiento racional de la realidad*; y, sin embargo, muestra un tratamiento muy detallado de lo físico, que anticipa la densidad temática del tomo cuarto. El apartado que he denominado *relaciones especiales entre las causas* es entera e intencionalmente temático.

- la noción de número físico, y la de número pensado con que hipotetizamos sobre los números físicos: están asequiblemente expuestas en esta obra; así como las líneas básicas para una epistemología actual de la matemática.

- su estilo argumentativo, que es realmente llamativo. Espero no haber deteriorado el texto tanto como para que no se aprecie esto. Por ejemplo, Polo da razones para oponerse a la teoría de Maritain sobre los grados de abstracción. Porque la abstracción ilumina lo sensible, pero el progreso cognoscitivo exige iluminar la operación cognoscitiva, que no es sensible; luego no hay grados abstractivos, sino actos de conocimiento distintos, operaciones prosecutivas a la abstracción. O bien da razones por las que el acto de ser corresponde sólo al universo en su conjunto, y no a cada uno de sus integrantes: *si el esse interviene en concausalidades parciales* (sustancias y naturalezas), *si lo distingo respecto de ellas y no sólo respecto de la concausalidad entera, entonces estoy introduciendo el "esse" en el orden predicamental*. Como Polo ha innovado un planteamiento filosófico propio, en otros lugares necesita ser más expositivo; pero en esta obra es, en cambio, muy argumentativo. Arguye contra la idea de Stenius de la emigración de los trascendentales, contra la asignación de naturaleza a las sustancias hilemórficas (si la eficiencia es extrínseca, no hay principio interno del movimiento), contra el entendimiento tomista del cuadrado aristotélico de las transformaciones elementales, etc.

- la estructuración del estudio de la causalidad en función de las nociones de sustancia, naturaleza y esencia está en otros lugares de la obra poliana; pero también aquí, y de un modo muy bien orquestado.

De todas las maneras, el libro exhibe una teoría de las causas, y de su conocimiento. El orden predicamental es el orden causal; en las causas hay orden porque prima la final, y la causa final es el orden del universo, su unidad. Pero la anunciada reducción de las categorías a las causas está en este libro sólo incoada, y todavía por consumar.

EL HOMBRE, UN SER LIBERAL[12]

35

La persona es libre en tanto que es capaz de dar sin perder o aniquilarse; precisamente por ser en intimidad, la persona es también en liberalidad. Por ello mismo, la persona interviene, aporta, añade. La liberalidad es, de este modo, la libertad como suscitación de lo nuevo. (POLO, L. en este libro, OC XXV, Sección segunda, I, B).

1. Procedencia y contenido del texto.

El interés de Leonardo Polo por la empresa no es sólo circunstancial. Coyuntural pudo ser su intervención en las II *Jornadas de estudios sobre economía y sociedad* organizadas, los días 11-13 de febrero de 1981, por el Banco de Bilbao en Madrid, y con la que se corresponde el texto que aquí presentamos. Leonardo Polo leyó allí una comunicación con el título de esta obra, *Las organizaciones primarias y la empresa*, que fue publicada en el volumen colectivo de actas de esas jornadas[13].

Trabajaba yo entonces como mecanógrafo, siendo en buena medida don Leonardo mi mejor cliente. Y en esta ocasión Polo me entregó ciento ochenta y una páginas ya mecanografiadas, en las que había seleccionado algunos párrafos que debía yo copiar para preparar el texto de aquella comunicación. El texto final, el publicado en las actas de las jornadas, ya

---

[12] *Presentación* de "POLO, L.: Las organizaciones primarias y las empresas". Cuadernos *Empresa y humanismo*, nº 99. Univ. Navarra, Pamplona 2007; pp. 7-19.

[13] VV. AA.: *El balance social de la empresa y las instituciones financieras.* Banco de Bilbao, Madrid 1982; pp. 89-136.

fue bastante largo (cuarenta y siete páginas); pero mayor era aún el total de ciento ochenta y una páginas del que se extrajo.

Ignoro, por otro lado, -y don Leonardo tampoco lo recuerda ya con precisión- si el texto fue enteramente redactado al efecto por Polo; o si, más bien, tomó –adaptándolas- páginas escritas tiempo atrás. En cuanto a la segunda parte de la obra, me inclino a pensar esto segundo e incluso me atrevo a conjeturar que, con algún desarrollo posterior, recoge estudios redactados por Polo en torno a la primera redacción de su *Antropología trascendental* fechada en 1972 y aún inédita. Pienso esto tanto porque las páginas estaban ya mecanografiadas, como porque hay algunos anexos y añadidos a esa primera redacción que convienen temáticamente con la segunda parte de esta obra; conveniencia que caracteriza también otros escritos de la época: concretamente, la conferencia inédita *El sentido cristiano de la libertad* (1968)[14] está incluida, en su noventa por ciento, en esta segunda parte del libro (aproximadamente se corresponde con los capítulos I y II). En cambio, la primera parte de esta obra tal vez fue redactada por entero para la ocasión, porque esboza una reflexión sobre la historia moderna y contemporánea bastante ajena al resto de la producción literaria de Polo.

Sea de ello lo que fuere, presentamos ahora la versión inicial, la completa, de aquel trabajo de don Leonardo Polo.

En el archivo de la obra poliana que se conserva en la universidad de Navarra hay tres versiones del texto que aquí presentamos:

- De la primera, que es la completa, doy fe: porque la entregué yo mismo; es el texto que don Leonardo me encargó mecanografiar, con las indicaciones y correcciones oportunas escritas de su puño y letra.

---

[14] Posiblemente se corresponda con ek inédito *La libertad*, OC XXX.

- La segunda es la abreviada: la redacción final, tal y como fue publicada en las actas de las jornadas. Para abreviar el texto, Polo, además de reducir mucho su tamaño suprimiendo páginas y párrafos, tuvo que modificar en algunos puntos la división del escrito en capítulos, epígrafes y apartados. De este extremo han surgido algunas dificultades a la hora de preparar el índice de esta obra; porque no ha sido sencillo armonizar los dos existentes, y ha habido que añadir títulos a algunas divisiones.

- Y además hay una tercera versión del texto; que se explica porque don Leonardo, tomando como base la primera redacción -la larga o completa-, quiso corregirla, quizá pensando en su posible publicación. Hizo algunas modificaciones puntuales, que han sido introducidas en el texto que presentamos, y añadió nuevos títulos a las divisiones; lo que agrava la dificultad de confeccionar el índice de esta obra.

Diré, pues, que la mayor parte de los títulos y todas las divisiones del índice proceden del propio don Leonardo; en cambio los títulos de algunas divisiones menores los he puesto yo: en cuyo caso no aparecen en su lugar del texto, sino anticipadamente a modo de sumario de un capítulo o división anterior.

La obra está compuesta por dos partes.

La primera es un esbozo de filosofía de la historia, en el que Polo examina -a través de sus hechos e instituciones más señalados- el tema de las organizaciones primarias (las del espacio y el tiempo humanos) en su devenir desde el fin de la Edad Media hasta nuestros días: feudalismo (capítulo I), Antiguo Régimen (capítulo II), siglo XIX (capítulo III) y siglo XX (capítulo IV).

La segunda es un esbozo de antropología versado en particular sobre el tiempo humano y su organización (capítulo III).

En esta parte, Polo sugiere (capítulo I) que hay tres ámbitos para la libertad humana: el espacio, la intimidad y la destinación. A ellos añade (capítulo III, D) el tiempo como un ámbito propio más. Espacio y tiempo son ámbitos más bien exteriores, la intimidad y la destinación son interiores a la persona.

Cuando la persona se abre hacia fuera encuentra el ser, la verdad y el bien; al perseguir éste último desde su saber, el hombre perfecciona el universo, pero no al margen de otras personas: acción productiva y sociabilidad. Para actuar, el hombre traslada ideas a la conducta –lo que necesita una imaginación desarrollada: capaz de representarse la regularidad del espacio y del tiempo–, y al término su obra queda socialmente disponible. Desenvolviéndose a la par entre ambas referencias, el hombre mismo (como agente) se perfecciona: es, así lo define Polo, el perfeccionador perfectible (c. III, D, d).

El problema (c. II) es que la técnica y la sociedad dependen de la persona y, sin embargo, esa dependencia a veces se oculta o se omite. Como además nacemos en un momento de la historia, tenemos que integrar el pasado para continuarlo[15]; en otro caso, su dependencia de la persona desaparecería, pues los que dieron lugar a él ya han muerto.

En suma, hay que recuperar la prioridad de la persona respecto de su manifestación esencial (que incluye todos esos fenómenos: la técnica, la sociedad, la historia, etc.). Ése es el cometido de la organización temporal. Como dependiente de la persona, la sociedad apela a su generosidad, a su iniciativa, a su actividad; y en este sentido la empresa es una institución que puede cobrar una notable relevancia. En la conclusión (capítulo IV) Polo formula indicaciones concretas (derecho al crédito, prioridad de la oferta sobre la demanda, ampliación de la noción de beneficio para incluir el salario y los impuestos, etc.) cuyo alcance no me corresponde a mí juzgar.

Polo propone dos modelos para las organizaciones primarias: el modelo reticular para la organización del espacio, y el crecimiento –hay varios tipos de crecimiento– como modelo de organización del tiempo. Para

---

[15] Esta misma obra comienza con un estudio histórico, antes de proponer una doctrina antropológica para avanzar.

examinar la organización del tiempo humano, Polo procede a un minucioso examen de la filosofía husserliana (la de sus *Lecciones sobre la conciencia interna del tiempo*). De cualquier manera, la organización –en red- del espacio comporta gasto de tiempo –se destaca entonces la importancia del ahorro[16]-; y si nos obsesionamos con ella, desorganizamos el propio tiempo: lo perdemos de forma lamentable.

Éste es el diagnóstico que Polo extrae del repaso histórico que realiza en la primera parte de la obra: primacía del problema territorial, prevalencia de la organización del espacio sobre la del tiempo; efectivamente, falta de fines, falta de ética[17], pérdida y desorganización del tiempo: por emplearnos exclusivamente en la producción y su organización.

Si la propuesta de Polo es primar la organización del tiempo sobre la del espacio, o sea, invertir lo acontecido en la historia reciente, creo que de ello hay una razón importante. Es que la estancia del hombre en el mundo es distinta, e inferior, al situarse del hombre en la historia. El hombre no está principalmente en el mundo integrado en él como el resto de los seres intramundanos, sino que está ante el mundo presenciándolo; ello le permite organizar el espacio desde sus objetivaciones cognoscitivas. Pero el hombre no está principalmente ante la historia presenciándola, o haciéndose presente el pasado, sino que está inserto en la historia haciéndola: asumiendo el pasado heredado y proyectándolo hacia un futuro. En suma, la organización del espacio enlaza con el conocimiento, mientras que la del tiempo con la acción, con la voluntad; la historia –al menos hasta cierto punto- la hace el hombre, mientras que el mundo está ahí ya dado: nuestra intervención práctica en él es histórica. También esto es relevante para entender la preferencia de Polo por el emprender humano.

---

[16] Sobre estas cuestiones puede leerse también: *Modalidades del tiempo humano: arreglo, progreso y crecimiento*. POLO, L.: *La persona humana y su crecimiento*, OC XIII.
[17] La ética es entendida por Polo como la articulación (un aprovechamiento) del tiempo humano, una vieja idea de Séneca (cfr. *Ética: una versión moderna de los temas clásicos*, OC XI.

2. Fundamentos teóricos.

Pero si es más bien coyuntural la conferencia que se corresponde con esta obra, ya no es tan coyuntural la dedicación de Polo al instituto *Empresa y humanismo* de la universidad de Navarra: por el hecho de que duró una década, desde que participó en su fundación en 1986; y por los cuadernos que publicó[18] con ése, entonces llamado, *Seminario permanente*.

Y lo que no es en absoluto circunstancial es la comprensión del hombre como un ser liberal que propone la antropología poliana. Ella explica el interés de Polo por la empresa.

Naturalmente, la afirmación de que el hombre es un ser liberal no es una propuesta ideológica o política. En este mismo libro Polo ataca en algunos puntos la ideología liberal, el capitalismo, el consumismo y la entonces llamada neoderecha; y en cambio defiende, entre otras cosas, la necesidad de la asociación y la socialización de la decisión. Y, por otro lado, es claro que la iniciativa personal que defiende Polo desborda el dilema entre iniciativa privada y administración pública; ante todo porque ésta es también personal, pues depende de las personas de los gestores. No se trata, entonces, de una ideología política, sino de una doctrina antropológica: *la liberalidad es la libertad como suscitación de lo nuevo*. El hombre es un ser liberal, aportante, activo, emprendedor; de aquí surge el interés de Polo por la empresa.

Y eso hemos dicho: que la dependencia de la esencia humana (técnica, sociedad, historia, etc.) respecto de la persona apela a la liberalidad del ser personal, y exige de éste la organización de su tiempo.

La antropología poliana sostiene el carácter liberal y emprendedor del hombre apoyada –a mi parecer- en dos pilares básicos: dos trascendentales personales que son el amar y la libertad.

---

[18] Son el nº 2: *La interpretación socialista del trabajo y el futuro de la empresa*, el nº 11: *Ricos y pobres. Igualdad y desigualdad*, y el nº 32: *Hacia un mundo más humano*; los tres en OC XXV.

a)   Amar y amor.

Polo distingue el amar del amor. El amar es un trascendental personal, que radica en la intimidad de la persona; en cambio el amor es manifestación externa, operativa y social.

El amar personal se inscribe en la reciprocidad del par dar-aceptar. El propio ser personal es un don recibido, que el hombre acepta; y el aceptarlo es a su vez un dar que espera aceptación. La persona humana es creada, y acepta su ser dando -lo que puede- y esperando la aceptación divina.

El amor en cambio es el respaldo del hombre al bien. El hombre quiere el bien, lo intenta, lo persigue y, a veces, hasta lo consigue. Si el ser es bueno, es deseable; pero también es mejorable, pues cabe añadirle el bien operado. En todo caso, el bien demanda nuestra asistencia, porque él solo no se produce; y por eso el primer imperativo moral es precisamente éste: *haz el bien*. Eso quiere decir: actúa, intervén, emprende.

En este punto es importante aunque sea esbozar –porque requerirían alguna posterior profundización- tres ideas más de la antropología de Polo:

- La voluntad humana es pura potencia pasiva, relación trascendental, entera apertura al bien. Como la voluntad no quiere por sí misma (sería una voluntad anónima), el hombre debe activarla, lo que apela al propio yo: siempre soy yo –cada hombre- el que quiero; querer y yo están intrínsecamente vinculados. La activación de la voluntad es su iluminación noética; sin ella no hay verdadera voluntad. Esa iluminación noética Polo la asigna al hábito innato de la sindéresis.

- Con su acción voluntaria el hombre esencializa el ser del universo. Lo que para la realidad material es ser -persistir, comenzar, causar-, para la criatura espiritual es de orden esencial. En último término, el ser del universo es un don; y el don de la persona humana es de orden esencial. Con la ejecución de sus acciones, la esencia humana complementa al ser extramental, continúa la naturaleza y perfecciona el universo; así el hombre da algo al creador. No es más que un signo de un reemplazo posible[19].

- La voluntad humana se caracteriza por su alteridad intencional: su intención es de otro; y además es capaz de crecer. La conjunción de ambos factores permite un especial incremento del querer muy oportuno para la persona. No se trata sólo de querer más bien (el bien propio, el ajeno y el común) y quererlo mejor; sino que además es menester querer más otro, querer más lo otro: querer otro querer. En este crecimiento del querer se incardina la voluntad de correspondencia en el amor, imprescindible para que el amor se inserte en el amar personal buscando la aceptación. Por cuanto la voluntad permite este crecimiento, propiamente no culmina con la fruición del bien conseguido, sino que anhela la reciprocidad.

Pues bien, como el amar personal humano es creado –incapaz, estrictamente hablando, de darse- necesita acudir al amor para tener algo que dar. Sin amor al bien, el amar personal quedaría vacío, se frustraría. Mas no es así. Como el hombre tiene un ser donal, le corresponde iniciativa en su esencia: es liberal, aportante, emprendedor. La pereza es un vicio muy contrario a la persona.

---

[19] Dicho reemplazo se justifica en que, *como el acto de ser del universo no es capaz de corresponder, quererlo significa esencializarlo* (POLO, L.: *Antropología trascendental*, OC XV, nt. 75, p. 415); pero en esta vida la generosidad humana sólo tiene *una recompensa vicaria, que será sustituida por una recompensa mayor* (Id., p. 529). Dios es un ser personal, que acepta los dones humanos y corresponde a ellos.

b)   La libertad humana.

La libertad trascendental es definida por Polo como la posesión del futuro no desfuturizable[20]. La intimidad personal está abierta al futuro, permanentemente y de un modo inagotable; en ello radica el sentido personal, íntimo, de la libertad.

Pero la libertad se extiende hacia fuera, y en particular se confiere a las capacidades operativas del hombre: la inteligencia y la voluntad son también libres. Ahora bien, ¿cómo lo son? Lo son en la medida en que se liberan de su propio punto de partida; es decir, en la medida en que, como potencias que son, se incrementan. Este crecimiento se adscribe a los hábitos operativos. La libertad adviene a nuestras potencias mediante los hábitos. Y a la inversa, una naturaleza perfeccionada por hábitos (tradicionalmente considerados como una segunda naturaleza) se eleva para constituir la esencia de un ser personal, porque permite la manifestación de la intimidad de una persona.

Libertad personal y libertad esencial; es decir: referencia al futuro y crecimiento habitual. La libertad dispone de temas, pero estos temas son incrementables. Aquí se asienta la índole que podríamos llamar proyectiva de la esencia humana, la correspondiente con un ser abierto permanentemente al futuro.

Proyectar, crecer, abrirse al futuro expresan el segundo soporte del carácter liberal y emprendedor del hombre -la libertad-, que es una muestra de la dadivosidad que caracteriza de suyo a la persona.

---

[20] También como *inclusión atópica en el ámbito de la máxima amplitud*; y como *novum*, estricta novedad: lo único absolutamente nuevo en la historia (cfr. *Antropología trascendental*, OC XV, pp. 261 ss).

3. Lugar de esta obra en el pensamiento poliano: el capital y el tema de los hábitos.

Me atrevería a decir que a comienzos de los años 1970 (en 1972 está fechada la redacción de su *Antropología trascendental*, OC XV) Polo ha formulado ya acabadamente los grades trazos de su pensamiento, de aquellas ideas iniciales que alumbró a mediados de los años cincuenta.

Entonces, en la década de los setenta, Polo intenta comprobar sus planteamientos, enriquecerlos y hacerlos accesibles (sus obras de los años sesenta no fueron del todo entendidas) buscando un refrendo externo de los mismos. Es conocido su intenso estudio de Hegel a fines de los sesenta, o los estudios de mecánica y del psicoanálisis del curso de psicología de 1976, OC XXI; aquí –en este libro- tenemos una pequeña interpretación de la historia moderna y contemporánea, una aproximación a temas empresariales, nociones de cibernética y puntos de una teoría del capital (que Polo ha estudiado también al atender al pensamiento de Marx).

Sin embargo, mi opinión es que el despliegue de la filosofía poliana no se benefició enteramente de esta estrategia, o no encontró suficiente fecundidad en ella; sino que más bien se debió a una progresiva maduración interna de sus propios hallazgos que apuntaré a continuación.

Tras la década de los setenta, los años ochenta son aquéllos en los que Polo asocia el límite mental con la praxis cognoscitiva aristotélica, y el abandono del límite mental con los hábitos noéticos del estagirita[21]. Por eso, el modelo de organización temporal expuesto en este libro es el crecimiento habitual.

Y por eso llama tanto la atención de Polo el capital; otra razón más para simpatizar con la empresa. El capital es la clase de dinero que genera dinero; es decir, que refuerza su punto de partida. Si el hábito adquirido es una potenciación de la facultad (en la vida del espíritu el punto de partida

---

[21] Siempre he cifrado en *Lo intelectual y lo inteligible* (1982, OC IX) el lugar en que Polo enuncia esta posición.

no es fijo, sino incrementable), entonces hay una cierta afinidad entre el hábito adquirido y el capital. Esa afinidad es precisamente la organización del tiempo; pues, al modificar el punto de partida, nuevos tiempos se abren. La organización del tiempo no es mera planificación; ya que, al mudar el punto de partida, el horizonte de actuación cambia, y permite la novedad imprevista. Un buen modelo para formular el abandono del límite mental.

Pero a los años ochenta siguieron los noventa. Y en ellos Polo ascendió de la consideración de los hábitos adquiridos –operativos- a la de los hábitos innatos, entitativos o personales; y a la ordenación entre ellos, y a la completa superioridad del hábito de sabiduría. Ello le permite formular mejor su antropología trascendental, y publicarla (1999-2003). El abandono del límite mental excede los hábitos adquiridos.

Entre medias, Polo profundiza en el sentido de los hábitos adquiridos. Sólo en un momento dado[22] entiende que son la iluminación de las operaciones, descubriendo así su sentido noético; antes, y en este libro, sólo se comprenden en un sentido óntico, como refuerzo de la facultad; en ello se aprecia su vecindad con el capital. Pero, por lo dicho, el parecido es sólo parcial. Por eso el tema del capital no es central en la filosofía de Polo; y no vuelve a aparecer significativamente en obras posteriores. El abandono del límite, más que a los hábitos adquiridos, remite a los innatos y, en última instancia, a la libertad personal.

4. El crecimiento y la persona: los demás y Dios.

A parte de eso, hay un problema que plantear. Se podría llegar a pensar que los hábitos operativos no desfuturizan el futuro; o que toda la libertad humana se vierte en la organización temporal. Pero el futuro no

---

[22] Aunque haya alguna alusión anterior, este punto está expresamente expuesto en *El orden predicamental* (1988, OC XX). En el prólogo a la edición inicial de dicha obra me refiero a la década 1984-1996 que Polo tarda en publicar completa su *Teoría del conocimiento*. La comprensión de los hábitos adquiridos y la segunda dimensión del abandono del límite mental, que en aquélla aparecen, guardan estrecha relación.

desfuturizable corresponde a la libertad trascendental, personal, tema del hábito innato de sabiduría; por tanto, tal futuro no se alcanza de suyo operativamente, ni con el refuerzo de los hábitos adquiridos, porque operaciones y hábitos son de orden esencial. La organización temporal que los hábitos consiguen se abre al futuro, sí, pero no enteramente Porque el futuro de la persona es trascendente.

Quizás, entonces, la libertad trascendental no se reduzca a organizar el tiempo, sino que más bien lo abra desde el futuro; y permita así su organización esencial. La libertad nativa se extiende a la esencia humana; pero la libertad de destinación es personal. Por eso aquí hablamos de completa apertura al futuro –libertad trascendental-, y de proyectos de la libertad; para constituirlos y ampliarlos se precisa de hábitos operativos – libertad esencial-.

Para resolver este problema me referiré a una de las ideas, seguramente, más elevadas de Polo, según la cual la esencia del hombre retorna a la persona[23]; regreso, imposible a la criatura material, de acuerdo con el cual cambia el orden de los hábitos innatos, tal que (permaneciendo siempre superior el de sabiduría) el hábito de la sindéresis, asimilándose a este último, se alza sobre el de los primeros principios hasta reemplazarlo.

Sucede que la persona se distingue realmente de su esencia, pero no de una manera rígida[24]; porque esa rigidez impediría la integración de la esencia con el ser, es decir, la personalización del don –su unión con el amar donal-: la voluntad humana no sólo admite la extensión de la libertad nativa, sino que alcanza su mayor libertad en la destinación personal.

Si la liberalidad de la persona se basaba en dos trascendentales personales distintos, el amar y la libertad, cabría plantear –para enfocar la cuestión- la siguiente pregunta: ¿qué es más personal: la libertad o la

---

[23] Cfr. *Antropología trascendental,* OC XV, nt. 31 p. 390, nt. 52 p. 404 y pp. 527-9. Como ahora diremos, la distinción real (de esencia y ser) en antropología no es rígida.

[24] Cfr., sobre esta idea, *Antropología trascendental,* OC XV, nt. 150, p. 454. La distinción real de esencia y ser aplicada al hombre pero flexiblemente, sin rigidez, entiendo que es una alta aportación de la antropología de Polo.

voluntad, esto es, el amor con que completamos el amar personal?. Porque la voluntad apela al yo de cada quien, y sin él no se activa; pero esto es de orden esencial. Y además es capaz de libertad, de personalización, si crece mediante la adquisición de sus hábitos propios. Para que la voluntad aumente en libertad[25] necesita el refuerzo habitual: por este orden, los hábitos productivos, la prudencia, la justicia y la amistad. Los hábitos, como dice Polo en este libro, son una organización del tiempo en vistas al futuro, y a la par una extensión de la libertad personal. Como con ello se repotencia el punto de partida, el futuro nos sorprende con novedades insospechadas; pero la novedad mayor –ya lo hemos apuntado- es la persona.

La tesis poliana es que voluntad esencial y libertad personal pueden llegar a ser solidarios: al menos si la intención de alteridad propia de la voluntad –que finalmente se dirige a la correspondencia ajena- es respetada y potenciada por su libre crecimiento desde la simple volición del bien.

De suyo la libertad corresponde inmediatamente al ser personal, mientras que la voluntad es una capacidad esencial del hombre. Pero en atención a los dos puntos señalados (intención de otro y crecimiento) cabe sospechar una posible solidaridad final entre ambas. Dicha solidaridad, empero, comporta el altruismo: que, más que una alternativa al egoísmo, es entonces la personalización destinal de la tendencia volitiva.

El altruismo se explica así. La apertura al futuro de la persona humana permite un singular crecimiento del querer: la ordenación de su amor a la correspondencia y aceptación ajenas. Más allá del bien como trascendental metafísico se encuentra el amor como mutua donación interpersonal. Si efectivamente se encuentra, la voluntad es liberada de su inclinación a los propios bienes y dirigida hacia el bien ajeno y el bien común; y aún más: es incrementada en su intención de otro buscando la correspondencia. Así se integra con el amar personal; y se alcanza la destinación al otro: máxima expresión de la libertad y de la liberalidad propias de la persona.

---

[25] Sobre este crecimiento, cfr. POLO, L.: *La libertad posible*. OC XIX.

De modo que la aventura de la libertad, por dirigirse al futuro, es arriesgada, pero -aún más- sorprendentemente fecunda. Y, si se obtiene la correspondencia, el riesgo es incomparable con la novedad encontrada.

El emprender humano, ni espontáneo ni necesitado, tiene, pues, resultados verdaderamente admirables. Si al sabio compete la contemplación del orden, más complace admirar el que san Agustín llamó orden del amor. La esencia humana, emprendedora, está dispuesta para la persona, liberal; y para la comunión con las demás personas. Dios es el bien común de todas las personas; y al tiempo es amor, respaldo personal del bien. A la postre, lo que buscamos es su aprobación.

Para terminar, mi agradecimiento expreso al instituto *Empresa y humanismo*, que ha acogido esta obra de Polo para su publicación. Y una advertencia al lector: aunque los dos cuadernos que la recogen se correspondan con dos partes bien diferenciadas de esta obra de Polo, es conveniente la lectura sucesiva de ambas; porque el sentido del examen histórico que se realiza en la primera parte, se entiende al observar el desarrollo de las cuestiones antropológicas de la segunda.

SOBRE "EL HOMBRE EN LA HISTORIA"[26]

Es innegable la importancia actual del tema de la historia. Bastaría aludir a la ontologización de lo histórico del segundo Heidegger; o a la importancia de la historia para esa corriente tan hodierna de la filosofía que es la hermenéutica: el valor de la tradición para Gadamer, la autocomprensión y la historia en Ricoeur, etc.

También para la filosofía poliana es la historia un tema importante; porque la de Polo es una filosofía de la persona, que aboca a una antropología trascendental. Pues bien: la persona se manifiesta mediante su acción, como ha señalado también la fenomenología personalista de Wojtyla[27], y buena parte de la acción humana se despliega en la historia.

Con todo, Polo es más un metafísico, y el ser es supratemporal; o un promotor de la antropología trascendental, teórica, que busca el ser de la persona y su destino eterno, más allá de la historia. Quizá por ello, en su obra antropológica podría entenderse diluida la consideración de la situación histórica del hombre.

Cierto que su *Antropología trascendental*, por otra parte la obra culminar de Polo, en su segundo volumen titulado *La esencia de la persona humana*, contiene una parte, la tercera, dedicada a *Las manifestaciones externas de la esencia humana y el cuerpo*, que incluye un tratamiento expreso de la historia[28]. Pero como la filosofía primera fundamenta después todo el conjunto de las filosofías segundas, así también la antropología trascendental debe

---

[26] *Presentación* de "POLO, L.: El hombre en la historia". Cuadernos del *Anuario filosófico*, serie universitaria, nº 207. Univ. Navarra, Pamplona 2008; pp. 5-13.

[27] *Persona y acción* se titula uno de sus libros, traducido al español en BAC, Madrid 1982.

[28] *Antropología trascendental*, OC XV, tercera parte, pp. 531 ss.

extenderse también hasta las antropologías laterales, que abarcan todos aquellos temas a los que se vierte la libertad personal. En esta dirección, que busca ampliar nuestro conocimiento antropológico, conviene insistir en la comprensión de lo histórico que Polo nos sugiere.

A lo que hay que añadir una segunda circunstancia. Que, según lo aprecio, Polo investigó mucho sobre el actuar del hombre, y sobre su estado histórico, en los comienzos de su actividad filosófica. Pero más tarde, en su madurez, cuando le llegó cierto reconocimiento o prestigio y publicó la mayor parte de su obra, la cuestión de la historicidad humana pienso que la tenía ya resuelta, pensada y formulada. Por eso, apenas se dedica a ella; y cuando la trata lo hace aprovechando materiales antiguos, redactados años atrás. Como, por otro lado, no le gustaba este procedimiento, expuesto a repeticiones, los textos que nos ha legado sobre la dimensión histórica del hombre pienso que son, aunque suficientes, quizás parcos, algo inconexos, y al cabo imperfectos: por cuanto no redactados en directo, en su momento y por extenso para tratar frontalmente la cuestión.

Por estas razones me he decidido a buscar algunos textos inéditos y presentarlos reunidos con la intención de trasladar al lector un libro que ayude a completar la comprensión poliana de lo histórico del hombre.

El hombre no es un ser histórico, pero está en la historia según su acción práctica; como tampoco es un ser-en-el-mundo, sino un ser que está en el mundo. El hombre está en el mundo y en la historia. Casi cabría decir que, si en el mundo aparecen las cosas, en la historia se manifiestan las personas, pues en ella inventan y despliegan las distintas posibilidades de su actuar. De ahí la importancia de explicar el estado histórico del hombre: su esencial inserción en la historia, o su estar en ella situado según su propia esencia.

Fuentes

Para conocer el pensamiento de Polo sobre la historia entiendo que hay tres fuentes principales:

1) El trabajo *Dos estudios sobre la historia y el saber*, publicado como apéndice de la primera edición, la peruana, de su libro *Hegel y el posthegelianismo*[29].

En las ediciones siguientes de este libro, a cargo de la editorial EUNSA de Pamplona, ese apéndice se omitió, tal y como confiesa Polo[30], por dos motivos:

> + *en primer lugar, porque se formulan observaciones sobre el alcance de la capacidad cognoscitiva del hombre bastante alejadas del idealismo absoluto siguiendo el planteamiento de mi "Curso de teoría del conocimiento", que terminé de desarrollar años más tarde*; es decir, porque no encajaba del todo en un libro sobre Hegel.
>
> + y en segundo lugar, porque *ese apéndice contiene observaciones sobre la cultura, la historia y la sociedad que son temas antropológicos* [que habrían de ser] *estudiados con mayor amplitud en el tomo II de mi libro "Antropología trascendental".*

Pues bien, los dos estudios del apéndice son: *La formalización del proceso histórico* y *El sentido integral de la metafísica*; el primero dividido en epígrafes, y el segundo en tres apartados. Y han sido diversamente utilizados en dos publicaciones posteriores de Polo:

\-   El capítulo *La "sollicitudo rei socialis": una encíclica sobre la situación actual de la humanidad* que Polo publicó en un volumen colectivo sobre dicha encíclica[31], y fue recogido después en *Sobre la existencia cristiana*[32]. La segunda parte de este capítulo recoge el primer estudio mencionado, prescindiendo del epígrafe *metafísica e interrogación* y añadiendo tres

---

[29] OC VIII.
[30] Id, p. 33.
[31] VV.AA. (Fernando Fernández coord.): *Estudios sobre la encíclica "sollicitudo rei socialis".* OC XIII.
[32] OC XIII.

epígrafes sobre la moral y la historia (*la moral, el defecto moral de la historia y la extensión de la moral en la historia*).

- El tomo segundo de la *Antropología trascendental* ya citado incluye los dos estudios del apéndice muy retocados[33]. El primero bajo el título *Historia y metafísica*; el segundo bajo el de *Persona y metafísica*. En particular, los dos últimos apartados del segundo estudio (*Mundo y trascendencia*, y *El sofisma del pensamiento objetivo*) están ahora muy abreviados; también porque este último había sido ya incorporado y ampliado en la lección décima del volumen tercero del *Curso de teoría del conocimiento*[34].

Entiendo que estos *Dos estudios sobre la historia y el saber*, editados de distinta forma en esos tres sitios indicados, hacen pública la idea que tiene Polo acerca de la situación del hombre en la historia. El presente libro no puede dispensar de su lectura.

2) Pero, en mi opinión, esos estudios proceden de unos textos previos redactados por Polo con antelación; y, por tanto, no agotan lo que Polo ha escrito sobre la historia. Por eso, deben integrarse dentro del conjunto de textos aún inéditos en los que Polo trata esta temática.

Me refiero en concreto a tres inéditos primitivos, y por otro lado medulares, que son: *La distinción real*, la *Memoria de cátedra* (OC XXXV) y la *Antropología de 1972* (OC XXIX).

- El descubrimiento poliano del límite mental y de la metodología que lo abandona fue abrupto, se le ocurrió a Polo *de repente, en la primavera de 1950*[35]. Procedió entonces Polo a redactar su hallazgo en dos volúmenes inéditos que tituló *La distinción real*. Según Salvador Piá[36], la estructura de

---

[33] OC XV.

[34] OC VI.

[35] Cfr. FRANQUET, Mª J.: *Trayectoria intelectual de Leonardo Polo*. "Anuario filosófico" Pamplona 29-2 (1996) 305.

[36] Cfr. PIA, S.: *El hombre como ser dual*. Eunsa, Pamplona 2001; p. 21.

esta obra inédita incluye tres partes: una de metafísica general, con cinco capítulos; otra de antropología fundamental, con cuatro capítulos; y una tercera con tres capítulos sobre las dimensiones esenciales del hombre. De esta obra primigenia salieron los primeros libros sobre el ser que Polo publicó en los años sesenta; y en ella cabe suponer que está también el germen de la *Antropología de 1972*.

\-	Con una importante mediación: la *Memoria de cátedra* con que Polo obtuvo la primera de filosofía de la universidad de Granada en el año 1966.

Como esa cátedra era de *Fundamentos de filosofía e historia de los sistemas filosóficos*, es lógico que Polo tuviera que proponer en esa memoria su enfoque de la filosofía (*la filosofía desde una perspectiva antropológica*), su idea de la historia como situación de la libertad, y su postura acerca de la historificación de la filosofía.

En esta memoria además, y según lo declara él mismo, Polo intenta enmarcar o justificar los motivos de fondo de su planteamiento filosófico[37]. Ello dota de un interés particular a los dos primeros capítulos del libro que presentamos, pues proceden de esa memoria.

\-	Después Polo intentó desarrollar más extensamente la parte antropológica de su filosofía, con una redacción aún inédita, que conocemos como la *Antropología trascendental de 1972*.

La estructura de la *Antropología trascendental del 72* consta, por lo que yo conozco[38], de seis capítulos (*La estructura de la conciencia*, *El yo como comienzo*, *El carácter de además*, *La existencia humana*, *El acontecer humano* y *El futuro*). A ellos hay que agregar tres anexos y cuatro añadidos[39].

---

[37] La memoria comienza así: *Estas páginas tienen ante todo valor aclaratorio. En 1964 inicié la publicación de una amplia investigación sobre el ser de la que ya han aparecido dos volúmenes (...). Antes de proseguir la publicación parece conveniente dar a conocer el enfoque, la intención, que precede la investigación entera.* OC XXXV, p. 17.
[38] Cfr. OC XXIX.
[39] Sobre esos añadidos y anexos, cfr. el prólogo a la *Antropología trascendental del 72*, OC XXIX, pp. 12 ss.

Pienso que estos anexos y añadidos quizá incluyan alguna novedad (me refiero, por ejemplo, al añadido titulado *El poder y la persona*); pero en su mayor parte recogen parcialmente contenidos de los seis capítulos previos, sólo que un poco más desarrollados, tal vez precisamente como para aprovecharlos en vistas a su publicación; y, sobre todo, contienen fragmentos de la *Memoria de cátedra* repetidos. Y hasta peor redactados: lo que me mueve a pensar que ambos textos tienen un origen común, es decir, que proceden de reelaboraciones de *La distinción real*.

De esos cuatro que hemos llamado añadidos, tres son particularmente relevantes para el estudio de la idea poliana acerca de la historia: *La historia y la sabiduría humana*, *La historia y la cultura*, y *La historia y la ética*; se corresponden con los tres primeros capítulos de este libro (como se apreciará por la similitud de sus títulos). Los dos primeros son precisamente los que entiendo tomados de la susodicha *Memoria de cátedra*.

Yo no conozco enteramente el archivo Polo (por lo que, en parte, conjeturo sobre la génesis de estos escritos); y además me consta que obran en él varias revisiones de estos inéditos mencionados, sólo alguna de las cuales ha llegado a mis manos y he podido examinar. En esas distintas revisiones parece como si Polo, años después de haberlos redactado, hubiera preparado partes de ellos para aprovecharlas en distintas publicaciones.

En suma, a la primera fuente, la publicada por Polo para expresar su pensamiento sobre la historia, cabe añadir como segunda fuente la obra inédita: procedente de *La distinción real*, expuesta en su *Memoria de cátedra* y, a partir de ella, en algunos de los papeles añadidos a la *Antropología trascendental del 72*. Huelga resaltar la importancia de *La distinción real*, por ser la primera exposición global de la filosofía de Polo, y también la de la *Antropología trascendental* poliana, su obra cumbre aunque publicada veinticinco años más tarde. Aquí señalaré que los dos primeros capítulos del libro que presentamos representan un goloso aperitivo de la *Memoria de cátedra*, aún inédita; desde aquí instamos a que se prepare esa obra para su edición[40].

3)   A estas dos fuentes primarias, habría que añadir una cierta cantidad de pequeños escritos de Polo, conferencias, etc. algunos de ellos publicados y otros inéditos, publicados póstumamente.

En particular he de mencionar uno de los anexos a la *Antropología trascendental del 72*, que lleva por título *El uso pragmático de la razón* (OC XXXI); varias conferencias impartidas por Polo en Bogotá el año 1989 sobre el tener humano y la razón práctica (OC XXX); un texto inédito sobre *La interpretación de la historia en Hegel* (OC XXIV); y algunos otros textos que no es el momento ahora de enumerar: entre otros los dos que publicamos como capítulos cuarto y quinto de este libro.

Los cuadernos sobre *Las organizaciones primarias y las empresas*[41], podrían aportar también algo para terminar de ver la comprensión poliana de la historia; puesto que las organizaciones primarias lo son del espacio y el tiempo humanos; y porque, en su primera parte, incluyen unas páginas de filosofía de la historia moderna.

Contenido de este libro

Para dar a conocer de una manera más explícita y completa la visión poliana de la situación histórica del hombre, nos hemos decidido a publicar aquí cinco textos de Polo inéditos, o casi inéditos, que componen los cinco capítulos de este libro.

Los dos primeros reproducen dos sectores escogidos de la *Memoria de cátedra* mencionada, paralelos a los indicados añadidos de la *Antropología*

---

[40] A día de hoy, ya se ha publicado: OC XXXV.
[41] Editados como nnº 99 y 100 de la colección *Empresa y humanismo* del *Instituto empresa y humanismo* de la universidad de Navarra en 2007 (OC XXV).

trascendental del 72; mientras que el tercero reproduce otro de esos añadidos. Teniendo en cuenta lo siguiente al respecto:

a)   el capítulo 1 (*el saber humano y la historia*) versa sobre el destino humano como tema del saber. Si en el *Curso de teoría del conocimiento*, en la lección decimotercera del segundo tomo[42], Polo había comparado la filosofía con las formas prácticas del saber humano en punto al tema del fundamento del mundo, aquí las compara en punto al tema del destino humano. Fundamento y destino son las dos grandes temáticas de la sabiduría humana.

b)   el capítulo 2 (*historia y libertad*) trata de la libertad, y requiere la siguiente aclaración. En el primer volumen de la *Antropología trascendental* Polo dedica uno de los últimos epígrafes a remitir la libertad al futuro[43]. Lo que aquí publicamos añade a ese epígrafe otros dos más para aclarar dicha remisión, ninguno de ambos incluido por Polo en su *Antropología trascendental*.

c)   el capítulo 3 (*Ética e historia*) fue modificado e incorporado al tratamiento poliano de la historia en la publicación relativa a la encíclica *Sollicitudo rei socialis*, antes mencionada; son los epígrafes que la distinguen de los dos estudios publicados como apéndice en *Hegel y el posthegelianismo*, como ya hemos dicho. Por tanto, no es un texto completamente novedoso (sí es nuevo su último epígrafe: *planteamiento de la antropología*[44]). No obstante, y aun a sabiendas de ser reiterativos, lo hemos incorporado a esta publicación, porque una visión de lo histórico del hombre ajeno a la moral no sería completa, ni fiel al pensamiento de Polo.

A estos tres capítulos hemos añadido otros dos:

---

[42] OC V.

[43] OC XV, pp. 262 ss.

[44] Cuyo primer apartado (*el rasgo de la dualidad*) fue empleado por Polo en su intervención (*La coexistencia del hombre*) en las XXV *Reuniones filosóficas* de la universidad de Navarra (IX-1988), publicadas por ALVIRA, R. (ed.): *El hombre: inmanencia y trascendencia* (OC XVI).

d) el capítulo 4 (*Unidad y altura del tiempo histórico*) es un trabajo inédito de Polo, fechado en 1986 y conservado en el archivo Polo junto con una traducción del texto al italiano. Lo que induce a pensar que Polo lo preparaba para publicar en una revista italiana, o para una conferencia en ese país. Yo desconozco este extremo; y Polo, interrogado por mí al respecto, ahora ya también. Está inédito, y perfectamente preparado por él para su publicación.

e) el capítulo 5 (*Dios y la historia: la providencia*) reproduce la conferencia dictada por Polo el 26.IV.1995 dentro de las XXXI *Reuniones filosóficas* de la universidad de Navarra; se distribuyó su texto fotocopiado entre los asistentes a la misma. Está inédito en papel, aunque una versión digital del mismo ha sido publicada por *Miscelánea poliana*, revista en la red del IEFLP 4 (2005) 39-43.

La plural procedencia de los textos que integran el libro da lugar, quizá, a una heterogeneidad de enfoques y estilos, que esperamos el lector entienda y sepa disculpar.

La formalización del proceso histórico

Polo entiende el estado histórico del hombre desde el punto de vista de la acción práctica: la historia es el ámbito general, insaturable, del hacer práctico.

La relación entre la acción humana y su término es distinta en la teoría y en la práctica. En el pensamiento la acción posee su fin, y así pensar es operación inmanente. En la práctica el objeto ideado configura la acción y se plasma fuera, porque obrar es una acción transitiva, cuyo término escapa al exterior de la acción. Pero desde su estatuto externo, revierte de nuevo sobre la acción de una peculiar manera: abriendo posibilidades, haciendo posibles nuevas acciones. Lo característico de la acción práctica, en atención a esta reversión, es ser hecha posible.

La acción práctica humana no depende sólo de principios operativos, eventualmente reforzados con hábitos; el hombre no tiene sólo naturaleza. Porque la acción práctica es hecha posible por los objetos culturales, a los que a veces se llama hábitos objetivos. En cuanto que la acción humana ha de ser hecha posible por ellos es histórica, está situada en algún momento de la historia; pues hereda un pasado que no se ha dado ella, y que, sin embargo, ha de aprovechar en orden a su futuro.

Pero del propio planteamiento poliano —los dos últimos capítulos de este libro la muestran- surge otra caracterización de la historia: la no simultaneidad -cierta ruptura- del género humano, la sucesión de las generaciones; eso conlleva la muerte. Y, de acuerdo con ello, la historia se reinicia con cada nacimiento; de esa manera prosigue discontinuamente, alcanzando en su curso distinta altura [capítulo 4]. Y así, por encima del paso de la historia, destaca la novedad de cada persona.

Dos referentes, por tanto, de la acción práctica, que se ejerce en la historia: cultura del universo, habitación del mundo; y sociedad entre personas, que apunta a una unidad posible. Ambas remiten a la persona humana: es el hombre que está en la historia.

No es difícil enlazar ambos enfoques de lo histórico. El curso del tiempo no recae ni progresiva ni simultáneamente sobre todo el género humano [capítulo 5], sino sobre distintas generaciones, por lo demás conectadas por vínculos en ocasiones débiles; esto es la historia. Por eso la historia pesa: porque recae sobre menos de los que debiera; ya que muchos se han ido ya de ella, y consiguientemente otros llegarán para suceder a los que hoy la viven. Por eso el trabajo comporta sudor, igual que la generación dolor; son derivados de la muerte, un castigo del pecado. Sin el pecado original y la muerte, no se entiende la historia efectiva [capítulo 3].

La muerte trae consigo el pasado. Nacemos en una situación heredada. La acción humana es posible incluyendo el pasado de un modo inesquivable, y proyectando desde él el futuro; pero esta articulación es distinta de la que presencia mental establece en la teoría [capítulo 2]. El mundo presente está fundado en la realidad extramental, la historia está desfundada, remite a la libertad [capítulo 1]; el hombre no la presencia, sino que se inserta en ella mediante su acción. Por esta inserción el actuar humano es problemático; su ámbito general insaturable, la historia.

El hombre, según su esencia, está en la historia; tanto perfeccionando el universo, como conviviendo en sociedad con algunos de los humanos. Pero la existencia humana no es histórica. El hombre no se agota en la historia, porque –aunque en buena parte de su actividad esencial esté históricamente situado- tiene un origen y un destino trascendentes. Como Polo ha sugerido en el segundo volumen de su *Antropología trascendental*, la distinción real de esencia y ser es flexible en el hombre[45]; porque está llamado a una personalización de su esencia dirigida más a la convivencia con todo el género humano, y con Dios que es su bien común, que a la habitación del universo. Pero tal cosa no acontece en la historia, sino –quizá- después de ella.

---

[45] Este tema se anuncia en *Antropología trascendental,* OC XV, nt. 31 p. 390, y nt. 150 p. 454.

EL HOMBRE, EL CONOCIMIENTO HUMANO Y EL UNIVERSO FÍSICO[46]

PRESENTACIÓN

El conocimiento del universo físico lo consigue el hombre, según Polo, con una específica operación intelectual que es la razón. A ella ha dedicado Polo el tomo cuarto de su *Curso de teoría del conocimiento*[47]. Con ser extenso, pues ocupó dos volúmenes en su primera edición[48], resulta incluso parco dada la complejidad de su temática. A lo que habría que añadir además, para destacar su dificultad, lo áspero de su redacción o lo abrupto de su lenguaje, que por novedoso resulta un tanto críptico.

Con todo, quizá la esperanza –reconocida por Polo- de que su *física de causas puede ser el soporte filosófico de la física matemática*[49] actual, ha movido a realizar interesantes trabajos de investigación sobre este aspecto de la filosofía poliana[50]. A pesar de los cuales, resta mucho para esclarecer completamente la doctrina de Polo acerca del universo físico y su conocimiento por el hombre.

El libro que presentamos aquí[51] obedece entonces a la finalidad de ofrecer nuevos textos de Polo que desarrollen y glosen esa doctrina suya, para que pueda ser mejor conocida. Y, en comparación con el aludido tomo cuarto, este libro

---

[46] *Presentación* y *prólogo* de "POLO, L.: El conocimiento del universo físico". Eunsa, Pamplona 2008; pp. 13-37.

[47] Edición conjunta de sus dos partes OC VII.

[48] 1ª parte: Eunsa, Pamplona 1994; 421 pp.; 2ª parte: Eunsa, Pamplona 1996; 423 pp.

[49] POLO, L.: *Inactualidad y potencialidad de lo físico*. OC XX, p. 396.

[50] Destacaré POSADA, J.M.: *La física de causas en Leonardo Polo*. Eunsa, Pamplona 1996. Y VANNEY, C.E.: *Principios reales y conocimiento matemático. La propuesta epistemológica de Leonardo Polo*. Eunsa, Pamplona 2008.

[51] Finalmente publicado en OC XX.

contiene explicaciones mucho más desarrolladas y numerosas aclaraciones; aunque dirigidas, principalmente, al aspecto metódico y a la temática de la fase conceptual de la razón.

Reúne unos *Cuadernos*, de los que el *Anuario filosófico* edita por separado de la revista, incluídos en su serie universitaria. En ella, entre otras obras de Polo, se han publicado tres dedicadas a esta temática: *El conocimiento racional de la realidad*[52], *El orden predicamental*[53] y *El logos predicamental*[54].

Esas tres obras componen el núcleo de este libro; y proceden de cursos de doctorado orales impartidos por Polo en la universidad de Navarra, grabados y transcritos de cintas. Concretamente, *El conocimiento racional de la realidad* corresponde a un curso expuesto en 1992[55]; *El orden predicamental* es un curso dictado en 1988; y *El logos predicamental* otro pronunciado del 12 al 29 de junio de 1995.

Precisamente su afinidad temática, vecina también de los asuntos tratados en el mencionado tomo cuarto, y la proximidad temporal de su procedencia, aconsejaban su edición conjunta en un libro que constituyera un texto más largo, que ampliara lo dicho por Polo acerca del conocimiento del universo, y pudiera tener mayor difusión. Y ello aunque el volumen final resultara bastante extenso; o no constituyera un todo completo, y siguiera distintas líneas argumentativas; o incurriera en reiteraciones. En cierto modo sería también un reflejo de lo laboriosa que resultó a Polo la elaboración de este cuerpo doctrinal, al que dio vueltas durante prácticamente una década.

Pues, ciertamente, el período que abarcan los contenidos de este libro es aproximadamente el que media entre la publicación de los tres primeros tomos del *Curso de teoría del conocimiento* (editados en 1984, 1985 y 1988) y la de las

---

[52] Nº 169. Presentación, estudio introductorio y notas de Juan Fernando Sellés. Universidad de Navarra, Pamplona 2004; 170 pp.

[53] Nº 182. Edición y prólogo de Juan A. García González. Universidad de Navarra, Pamplona 2005; 162 pp.

[54] Nº 189. Edición, presentación y notas de Juan Fernando Sellés y Jorge Mario Posada. Universidad de Navarra, Pamplona 2006; 172 pp.

[55] Existe otro curso con el mismo título –pero con un orden menos *marcado en la exposición ascendente de los temas* (SELLES, Juan Fdo.: *Presentación* de POLO, L.: *El conocimiento racional de la realidad*, o. c., p. 9)- impartido por Polo en la universidad de La Sabana, Colombia, en 1989.

dos partes que conforman el tomo cuarto (aparecidas en 1994 y 1996). Es la
década en que Polo se dedica al conocimiento de lo físico; a ella pertenece
también el artículo *Inactualidad y potencialidad de lo físico*[56], que se añade como
apéndice final de este libro.

Para su edición conjunta aquí, hemos mantenido el texto original
(procediendo tan sólo a correcciones puntuales); a fin de evitar duplicidades
innecesarias, que pudieran engendrar confusión. Es decir, para reducir los
materiales a dos: la grabación de los cursos y su transcripción como fuente
original; y el texto elaborado procedente de aquéllas, publicado primero en los
cuadernos e incorporado después a este libro. En cambio, y aun a costa de perder
páginas de cierto interés, hemos prescindido de los prólogos que los editores
hicieron a la publicación separada de cada obra; también, de la mayor parte de
las citas añadidas a pie de página, una buena documentación que queda adscrita
a la primera edición. Y, finalmente, hemos modificado los títulos de bastantes de
los epígrafes, apartados y subapartados con los que se articularon los textos en
su primera edición, a fin de dotar de alguna mayor unidad a la estructura que
vertebra este nuevo libro de Polo. Es una licencia que nos podemos permitir;
porque, como es claro por corresponderse con cursos orales, ni las citas ni las
divisiones internas de cada texto proceden del propio don Leonardo.

El orden con el que se han publicado los tres textos que componen lo
nuclear de este libro no es cronológico, sino temático. Aunque en el tratamiento
poliano del conocimiento humano del universo físico se entremezclen las
cuestiones metódicas con las temáticas (nuestro conocimiento y el universo real);
lo que ocurre también -y es patente- en cada uno de los cuadernos por
separado[57]; tomados los tres textos por su título sugieren el orden seguido para
su publicación conjunta: primero el método (la razón humana, el conocimiento
racional de la realidad), después el tema (las causas y su concausalidad, el orden

---

[56] "Contrastes" Málaga 1 (1996) 241-63. Según se indica en él, este artículo transcribe un coloquio
de Polo con profesores y alumnos de doctorado de la universidad de Málaga, celebrado el 26 de
noviembre de 1994.
[57] Se observará que cada cuaderno, o capítulo en este libro, tiene una estructura dual: parte
metódica primero, y parte temática después.

predicamental), y finalmente la conexión que los reúne (el logos predicamental). Por un lado, el conocimiento humano; por otro, el universo real; y finalmente, el tema de este libro: el conocimiento del universo físico.

Logos predicamental es una expresión bien curiosa, por cuanto lo lógico se distingue de lo físico; pero sí: alguna dimensión del logos humano encuentra lo físico, y tiende a objetivarlo como la temática predicamental; ello nos sitúa en torno al asunto: el conocimiento humano del universo físico. Si la metafísica es metalógica, porque la axiomática metafísica es extramental, y superior al logos humano; el logos predicamental es propiamente ontológico[58]: expresión del acuerdo entre nuestras operaciones racionales y los principios físicos; un curioso acuerdo que vincula la esencia humana con la del universo.

He osado, con cierto atrevimiento, prologar este libro tanto para enmarcar un poco el planteamiento de Polo, como para destacar algunos logros –que entiendo muy notables- de la doctrina poliana acerca del universo físico. Pero, también, preocupado por cierta incomprensión que percibo acerca del sentido que para el hombre tiene el conocimiento del universo físico, en la línea de la tradicional cosmología; he querido referirme a él al tratar de la *fundamentación de la ciencia*.

Espero que, en su conjunto, este libro sea útil tanto a los filósofos polianos, como a todos los interesados en temas de física teórica y de la realidad causal del universo. Confío también en que el lector sabrá disculpar el tono, algo coloquial a veces, que el texto recibe por proceder de exposiciones orales.

---

[58] Predicamentos son la consolidación lógica de las categorías explícitas: *aunque de ordinario categorías y predicamentos se usan como expresiones equivalentes, la dimensión lógica es propia sólo de éstos últimos.* OC VII, p. 593.

PRÓLOGO:

Polo utiliza en este libro una suerte de retruécano que puede servir para introducirnos al tema del conocimiento humano del universo físico, a saber: el hombre puede conocer el universo físico, si y sólo si su conocimiento no tiene como único tema el universo físico[59].

En detalle, por este simple motivo: que esa singular operación de la inteligencia humana que es la razón, con la que conocemos el universo físico, es imposible sin adquirir hábitos cognoscitivos que refuercen la potencia intelectual; pero estos hábitos son la manifestación de las operaciones, es decir, el conocimiento de los propios actos cognoscitivos; y los actos cognoscitivos no son físicos.

De manera que, para empezar, hay que ubicar el conocimiento del universo físico dentro del conjunto del saber humano.

1. La filosofía y el saber humano.

Polo piensa que *los temas últimos de la sabiduría humana son dos: el fundamento del mundo y el destino[60] humano*. El hombre siempre se ha ocupado de esos dos temas; pero, antes de la filosofía, sólo de una manera práctica. Las modalidades prácticas del saber anteriores a la filosofía que registra Polo son: *la más antigua, la magia; después viene el mito, y luego la técnica*, que es *el antecedente estricto de la filosofía. La filosofía surge por diferenciación, puesto que se establece como la modalidad sapiencial teórica.*

Hasta aquí me parece que Polo mantiene una opinión que, en cuanto a sus términos generales, es comúnmente admitida por lo que hace a los orígenes históricos de la filosofía. Pero le añade dos consideraciones importantes.

---

[59] Para responder a la pregunta sobre *¿cómo se conoce lo físico?* es preciso sentar que *no todo nuestro conocimiento es conocimiento de lo físico*. Así empieza el capítulo II de este libro.

[60] Resumo en este párrafo ideas, y repito expresiones literales, de POLO, L.: *Curso de teoría del conocimiento*, v. II. OC V, pp. 248 ss.

-       La primera es una analítica de la actividad teórica del hombre, que distingue la operación incoativa (la abstracción, según su denominación clásica), de las prosecutivas, que son dos: la generalización o negación, y la razón, cuyo centro es la afirmación; hay incluso una cuarta operación mental para unificar las dos prosecutivas, que es una operación exclusivamente lógica: la matemática.

Por consiguiente, el comienzo de la filosofía no sólo implica la intervención de la actividad teórica humana, sino el progresivo despliegue de su plural dinámica. A mostrarlo ha dedicado Polo las páginas finales del segundo tomo del *Curso de teoría del conocimiento*[61]; en las que sostiene que *el estudio de los filósofos presocráticos proporciona la comprobación de la propuesta según la cual el pensar empieza en términos de conciencia y abstracción; y la generalización y la razón vienen después*[62].

Llamo la atención sobre la novedad añadida por la interpretación poliana. La actividad teórica del hombre, que diferencia a la filosofía como forma de saber, no aparece en la historia de golpe; sino de una manera gradual, que llega a su madurez, epistemológicamente considerada, en el período ateniense.

-       Pero, además y sobre todo, Polo ha señalado dimensiones extrateóricas del saber humano; porque la filosofía no se detiene en el pensamiento griego. Ellas ensanchan la distinción de su doble temática, fundamento y destino; que en otro caso tienden a confundirse.

a) Si la pluralidad de operaciones intelectuales constituye la actividad teórica del hombre, los actos intelectuales suprateóricos son los hábitos cognoscitivos, tanto adquiridos –que posibilitan el conocimiento de lo teórico- como, muy especialmente, los nativos, que son propiamente metateóricos.

Al estudio de éstos últimos dedica Polo la *Antropología trascendental*, por razón de que la sabiduría humana es el hábito nativo superior, que alcanza el ser

---

[61] Las que forman el último epígrafe del libro, y de la decimotercera lección, que se titula *El problema de la prosecución de la operatividad intelectual hasta Aristóteles*, OC V, pp. 248 ss.
[62] OC V, pp. 248.

de la persona humana. Por tanto es aquel hábito con el que el intelecto personal llega a saber sobre sí, o alcanza su propia transparencia en la solidaridad de su dimensión metódica con su dimensión temática.

Pero como esa solidaridad puede disociarse, en último término porque el intelecto personal y el hábito de sabiduría no se identifican, la sabiduría humana puede extenderse a otros temas no solidarios con ella; así nacen de la sabiduría los otros hábitos nativos de la persona: el de los primeros principios, con el que conocemos en su radicalidad la realidad extramental, y el de la sindéresis, con el que se conoce el yo en que se manifiesta cada persona[63].

Con los hábitos adquiridos al razonar y con el nativo de los primeros principios que sucede al agotamiento de la razón, el saber humano se ocupa adecuadamente del fundamento del mundo; con la sindéresis y el hábito de sabiduría, el saber humano alcanza orientación acerca del destino personal. Pero así, la sabiduría humana se eleva por encima de la actividad teórica del hombre; a la que, por este motivo y en primera instancia, se denomina sólo filo-sofía.

La específica metodología poliana, el abandono del límite mental, es –a este respecto- una exposición del conocimiento habitual del hombre; y sus cuatro dimensiones enlazan con las cuatro vertientes del conocimiento habitual mencionadas (una adquirida y tres nativas). En esta medida, el método propuesto por Polo es una ampliación de la filosofía hacia formas ultrateóricas del saber.

b) Pero el abandono del límite mental es además una exhibición de la libertad personal, que se adscribe al saber ratificando su dimensión metódica, y extendiéndola *en búsqueda de temas*[64].

Por eso la sabiduría metateórica a que aspira bien podría denominarse *eleuterosofía*; sin que dicha palabra designe nada misterioso o esotérico, que la aleje de la filosofía. Tampoco apelamos al ideal hegeliano, o husserliano, de transformar la filosofía –el amor a la sabiduría- en saber logrado, en ciencia

---

[63] Cfr., sobre lo dicho en este párrafo, POLO, L.: *Antropología trascendental*, OC XV, pp. 270-1.
[64] POLO, L.: *Antropología trascendental*, OC XV, p. 320.

estricta. Se trata tan sólo de añadir a la dimensión temática del saber su dimensión metódica, que es la libertad.

Al hacerlo, descubrimos un segundo motivo de la denominación filo-sofía: pues, desde la libertad personal, la filosofía primera se reduce a *una modalidad sapiencial inferior a la sabiduría en cuanto que tal. Esta última distinción se contiene* también *implícitamente en la palabra filosofía, y posee un mayor alcance que el registrado en los tópicos tradicionales*[65]; la libertad trascendental es, precisamente, ese mayor alcance.

La correspondencia temática de las distintas dimensiones del método poliano conduce a la distinción real de esencia y ser, tanto en el universo como en la persona humana. La concausalidad completa es la esencia del universo, cuyo ser creado se advierte al distinguir los primeros principios sin maclarlos entre sí. Por su parte, el yo es el ápice de la esencia humana; cuyo ser creado (con sus propios trascendentales, entre los que se cuenta la libertad) se alcanza, según lo expresa Polo, como ser al que conviene el carácter de además.

c) Estas observaciones apuntan a la dualidad temática (ensanchada con la distinción metódico-temática) del saber humano: el fundamento y el destino.

En cuanto al fundamento, si Polo entiende que *el mito determina el fundamento como pasado,* mientras que *en la filosofía el fundamento asiste en presente*[66]; no es difícil sospechar que en sus más altas formas metalógicas, y por cuanto la libertad se extiende hasta él, el saber humano ha de abrir su temática al futuro: ya que la libertad personal es *la posesión del futuro que no lo desfuturiza*[67]. Por eso, no cabe formulación objetiva –actual, presente- de los primeros principios. Y así, de acuerdo con su conocimiento habitual, el principio de no contradicción es la persistencia, el después de la analítica esencial; y la identidad es, por originaria -por ingenerable-, insondable (e inabarcable).

---

[65] POLO, L.: *Antropología trascendental,* OC XV, p. 562.
[66] POLO, L.: *Curso de teoría del conocimiento,* v. II. OC V, p. 251.
[67] POLO, L.: *Antropología trascendental,* OC XV, p. 262.

La ampliación del saber, a las alturas metalógicas que su libertad comporta, repercute aún más en orden al destino humano. Ante todo, distinguiéndolo del fundamento; pues *no cabe esperar que el conocimiento del fundamento sea el alcanzamiento del destino humano*[68]. Al distinguirse del fundamento, se amplía el ámbito de búsqueda del destino personal, por descubrir la intimidad, la libertad y las más profundas dimensiones del espíritu; impidiendo, en todo caso, cualquier anticipación suya que tornara presente el futuro. La persona humana *no es, sino que* más bien *será*[69].

El amor a la sabiduría (filosofía) es deseo de saber, esperanza de acto; y el acto pleno la *noesis noeseos*, según Aristóteles: la actualidad no intermitente, siempre actual, eterna. Pero la libertad respecto del saber, el saber libre (liberado de sí –metalógico-), puede orientarse a una sabiduría mayor: la del Verbo divino, que es a una -en identidad- saber y persona.

d) En cambio, el saber del hombre -tomado en toda su amplitud- no es idéntico con la persona humana, sino que la tiene a ella por sujeto; por eso, estas altas formas metateóricas de saber se atribuyen al intelecto personal, un trascendental antropológico.

En cambio, el sujeto de la actividad teórica, por ejercerse ésta mediante la pluralidad de operaciones y de los hábitos adquiridos con ellas, es la inteligencia, la potencia intelectual; que es uno de los dos miembros en que se desdobla el yo, el ápice de la esencia humana (ver-yo y querer-yo).

Al conocimiento ligado a la inteligencia como potencia esencial podemos denominarlo, no importa que vagamente, ciencia. Sin mayores precisiones la ciencia, ya para Platón en el *Teeteto*, es la obra propia de la inteligencia humana.

Según Polo, el intelecto personal es un trascendental propio de la persona, es decir, se convierte con el ser personal; en cambio, la inteligencia es una potencia de la esencia humana, que necesita del cuerpo -de la fantasía- para empezar a actuar, abstrayendo. Éste es el lugar de las ciencias.

---

[68] POLO, L.: *Hegel y el posthegelianismo*, OC VIII, p. 390.
[69] POLO, L.: *Antropología trascendental,* OC XV, p. 238.

El conocimiento del universo físico, aun siendo extralógico —pues encuentra lo infralógico- remite específicamente a la razón, y a los hábitos adquiridos por la inteligencia que la posibilitan; y ello porque también nace de la experiencia sensible, de la información captada del exterior a través de las facultades del organismo. Su objetivo es devolver los abstractos a su realidad extramental.

Por tanto, descendemos: desde la altura del saber humano, hasta la proximidad de la experiencia de nuestro mundo, y de las ciencias con que lo entendemos y aumentamos nuestro conocimiento acerca de él. Aun incorporado, el intelecto personal dispone del poder de encontrar: el creciente poder de la inteligencia a partir de la información que el organismo suministra.

2. La ciencia y su fundamentación.

De acuerdo con la analítica poliana de operaciones intelectuales, sugiero la siguiente clasificación de las ciencias:

- la operación incoativa de la inteligencia se corresponde aproximadamente con la experiencia humana, por cuanto ésta requiere la atención intelectual para ser asimilada; como solemos decir, de la experiencia nace la ciencia;

- con la generalización se corresponde todo el desarrollo del conocimiento humano que globalmente llamamos las ciencias empíricas o positivas; cuya demarcación obedece, por lo general, a criterios culturales o sociológicos;

- la razón se corresponde con la física filosófica, cuyo nombre más adecuado me parece ser el de cosmología; cuando se abandona el límite mental en esta operación se logra el conocimiento racional de la realidad extramental, es decir, el conocimiento del universo físico;

- y finalmente, con la operación estrictamente lógica, que unifica nuestras objetivaciones racionales y las ideas generales, se corresponden las matemáticas.

Desde este marco general procede hacer las siguientes observaciones:

a) En este mismo libro[70] Polo muestra su discrepancia con la teoría de Maritain, de origen aristotélico, que distingue las ciencias especulativas por su grado de abstracción; y según la cual la física sería la ciencia inferior (1º grado de abstracción, que considera al ente como móvil), después vendría la matemática (2º grado de abstracción, que considera al ente según su cantidad), y finalmente la metafísica, y acaso también la lógica (3º grado de abstracción, positiva: el ente en cuanto ente; o bien negativa: el ente en cuanto inteligible).

Porque, según Polo, si hay una operación incoativa y otras prosecutivas, entonces estará vinculada con la abstracción la primera, no las siguientes. Para ascender desde la operación incoativa a las otras, la inteligencia requiere su perfeccionamiento con hábitos; y los hábitos adquiridos no son abstractivos porque consisten en el conocimiento de la operación intelectual ejercida, y ésta no es sensible; proceden de una iluminación también, pero de una que no ilumina imágenes sensibles, sino actos intelectuales.

Con todo, opino que sí hay un paralelismo –que Polo reconoce parcialmente también en este libro- entre la distinción poliana de operaciones intelectuales y la teoría de la abstracción tomista, al menos tal y como la expone García López[71]. El abstracto inicial se asemeja a la abstracción del intelecto agente; la prosecución operativa a la del intelecto paciente, que sigue a la simple aprehensión: en concreto, la generalización a la abstracción total, y la razón a la formal.

b) Si comparamos la clasificación de las ciencias poliana con la tradicional jerarquía de las ciencias especulativas[72] (que, como digo, sitúa por debajo la

---

[70] Capítulo II, 1: *El conocimiento superior a la abstracción*.
[71] Cfr. *Estudios de metafísica tomista*. Eunsa, Pamplona 1976; pp. 15-30.
[72] Polo trata este punto en este libro: en el capítulo I, 1, c: *El conocimiento de causas y las ciencias teóricas*.

física, después la matemática, y finalmente la metafísica; excepto para Kant, que invierte el orden entre física y matemáticas, por considerar que éstas no tienen un fundamento racional, sino sensible —el espacio y el tiempo: geometría y aritmética-), habría que señalar lo siguiente.

Ante todo, que la metafísica es elevada por Polo al nivel del hábito de los primeros principios[73]. Es decir, que está por encima de la razón humana, a cuyo agotamiento sucede; pues a su término la razón siempre guarda un implícito. El fundamento, *como explícito de la última operación racional, es la guarda definitiva de lo implícito*[74]. La razón explicita en pugna; pero los primeros principios son superiores a la razón humana, y por eso con ellos no cabe pugnar para explicitarlos.

Y después, que la matemática es en cierto modo superior gnoseológicamente a la física, si de ésta se toma su consolidación objetiva; pero es inferior a ella, si la física se toma en cuanto operación explicitante. Al explicitar se encuentra la realidad infralógica; pero sólo desde la iluminación de la operación ejercida, y en pugna con ella. De aquí la superioridad de la explicitación sobre la matemática, y sobre toda otra dimensión lógica del conocimiento.

Finalmente, Polo suele hablar de las ciencias medias, o de las ciencias en la medida en que echan mano de la matemática. Si la matemática es la ciencia superior dentro del ámbito lógico, la matematización de las ciencias indicará un progreso, que por otro lado la historia moderna y contemporánea parece verificar[75].

c) La razón humana tiene, en efecto, una doble dimensión: en cuanto que explicita los principios reales, y en cuanto consolida en objetos lógicos esa explicitación.

---

[73] Este libro trata de ello en el capítulo III, 5: *Principios predicamentales y primeros principios*.
[74] POLO, L.: *Curso de teoría del conocimiento*, v. IV. OC VII, p. 663.
[75] Heidegger ha señalado que la diferencia básica entre la ciencia antigua y moderna, más que su proximidad con la experiencia, es la matemática. Cfr. *La pregunta por la cosa* (trad. Alfa Argentina, Buenos Aires 1975), en particular cuando Heidegger investiga *el fondo histórico sobre el que descansa la Crítica de la razón pura de Kant*.

En este mismo libro, Polo atiende al posible conocimiento lógico de la realidad física[76], para concluir su índole humana, que eleva a su altura lo físico, y su aspectualidad objetiva; con ella se corresponde la denominación de cosa, cuya validez para designar lo extramental (como realidad conocida sólo intencionalmente) Polo aclara también en este libro[77]. Pero el auténtico valor epistemológico de la razón no está en su dimensión lógica, sino en su dimensión explicitante.

A ella corresponde el conocimiento del universo físico. A la otra, a la consolidación de los objetos lógicos de la razón, pertenece más bien la cosmología; proclive a una que Polo llama metafísica prematura: pues, cuando las consolidaciones objetivas de la razón *no versan sobre las ideas generales y se extrapolan, aparece lo que suelo llamar metafísica prematura*[78].

Y es que, con una toma de posición que diríamos muy moderna, Polo cree que el sentido propio de la objetivación racional es aclarar las ideas generales[79], es decir, posibilitar la matematización de nuestro conocimiento acerca del mundo; en cambio, la explicitación racional permite el conocimiento del universo físico.

De acuerdo con ello, el planteamiento propuesto [por Polo] *resuelve la metafísica prematura, es decir la extrapolación de las compensaciones racionales, en una comprensión congruente de lo matemático (reconociendo, a la vez, que la metafísica prematura es una tendencia inevitable en un filósofo realista si rehúsa abandonar el límite mental*[80]; es decir, si no reconoce la dimensión explicitante de la razón).

Interesa, en todo caso, distinguir ambas trayectorias: una –la vía lógica- avanza desde la experiencia para incrementar nuestro conocimiento, de acuerdo con el progreso de las operaciones intelectuales; otra –la explicitación racional- retrocede desde la experiencia a sus prioridades extramentales. La poliana

---

[76] Capítulo III, 2: *Conocimiento lógico de lo físico.*
[77] Capítulo I, 1, a: *La noción de cosa. Algunas referencias históricas.*
[78] POLO, L.: *Curso de teoría del conocimiento*, v. IV. OC VII, p. 72.
[79] Cfr. POLO, L.: *Curso de teoría del conocimiento*, v. IV. OC VII, pp. 61 ss.
[80] POLO, L.: *Curso de teoría del conocimiento*, v. IV. OC VII, p. 519.

distinción de dos líneas prosecutivas a partir de la abstracción tiene este sentido: discernir lo físico y extramental de lo lógico y mental; una cosa es lo que el hombre puede pensar a partir de la experiencia, y otra la realidad que la antecede y sobre la que aquélla se basa.

d) La dimensión explicitante de la razón equivale al abandono del límite mental en su segunda dimensión; la cual requiere del conocimiento de las operaciones ejercidas, pues sin detectar el límite mal podrá abandonarse; dicho conocimiento son los hábitos adquiridos.

Con todo, *la manifestación habitual* [de la operación] *no equivale a detectar la presencia mental como límite, pero ilumina la liberación de la conmensuración* [de la operación] *con el objeto* (…) y así *permite la extensión de la libertad de acuerdo con la cual el límite se detecta y se abandona*[81].

e) Para toda la tradición, y también para Polo, la razón humana consta de tres fases que son el concepto, el juicio y el raciocinio, que Polo denomina fundamentación.

El abstracto guarda implícitos sus principios reales, o en el abstracto están implicados realmente sus principios; porque la información la recibe el hombre a través de su organismo, que es físicamente inmutado desde el exterior. La razón aspira a devolver el abstracto a su realidad extramental.

Pero lo hace de un modo peculiar, o siguiendo una dirección que no es lineal. Porque los explícitos de la primera fase de la razón -el concepto- no emiten información; en consecuencia no son sensibles, y por tanto no están directamente implícitos en los abstractos (se abstrae de la sensibilidad). No son sensibles, pero sí concebibles.

En el apéndice de este libro Polo rechaza la griega asociación de lo físico con lo sensible (hay más realidad física que la que el organismo humano es capaz de sentir), en parte también porque la física matemática de hoy se configura bien

---

[81] POLO, L.: *Antropología trascendental,* OC XV, p. 342, nt 85.

al margen de la sensibilidad; pero, sobre todo, por la razón antedicha. El concepto es una fase cognoscitiva con valor propio, no sólo por conversión a la fantasía.

Con todo, la explicitación conceptual es imprescindible para explicitar con la segunda fase de la razón -el juicio- los implícitos que el abstracto guarda; los cuales, puesto que explican lo abstracto, sí han de haber enviado información captada por el hombre: bien por su sensibilidad, o por los aparatos que construimos para mejorar nuestra observación.

Finalmente, la tercera operación racional explicita, con ciertas limitaciones, el fundamento. El adecuado conocimiento del fundamento, en cambio, compete al hábito de los primeros principios (pues el fundamento no se adscribe exclusivamente a un solo primer principio).

Con estos preliminares, estamos en condiciones ya de considerar en qué sentido el conocimiento del universo físico que el hombre logra con su razón es fundamento de su pensamiento: la fundamentación de la ciencia. Lo es, en la medida en que la razón funda todo el conocimiento intelectual. El ejercicio de la razón explicita los principios reales en los que se basa el entero conocimiento de la inteligencia humana; pues, como estamos diciendo, la inteligencia depende en su inicio de la información que el organismo suministra. Es entonces el universo el que actúa sobre el hombre, y así empieza el despliegue de nuestro conocimiento, que encuentra en la realidad extramental de las causas su base y justificación.

Pero la fundamentación de la ciencia tiene el sentido de asegurar su validez, asentándola en los principios predicamentales; para, una vez fundada, dejarla desplegarse con cierta autonomía en orden a mejorar nuestra experiencia y conocimiento del mundo. El conocimiento del universo físico, no compite, por tanto, con la ciencia, ni la substituye; ni es su misión integrar o unificar el conocimiento científico, aunque sin duda permita orientarse acerca de él. Sólo urge su ejercicio cuando, por uno u otro motivo, el hombre se desorienta ante los descubrimientos científicos; entonces, procede encontrar su fundamentación; para, una vez asegurado nuestro conocimiento, incrementar nuestras experiencias y relanzar su avance.

El lenguaje humano no es un fenómeno mágico ni misterioso. Sabemos que se basa en la respiración, en la vibración de las cuerdas vocales de la glotis al expirar el aire, y en la conformación de su salida que conseguimos con partes del aparato fonador como la lengua, los dientes y labios, etc. Cuando se pierde o deteriora funcionalmente el habla, es oportuno acudir al logopeda. Pero su tarea poco tiene que ver con el discurso; porque una cosa es la emisión de voces o su significado, y otra lo que hemos de decir si queremos decir algo. El lenguaje tiene explicación: una base física, y unos significados adscritos a las voces; pero otra cosa es el contenido de lo que decimos, en qué momento y a quién.

Pues de una manera análoga, la fundamentación del conocimiento asegura la base de nuestra ciencia; un tanto al margen de qué es lo que sepamos sobre el mundo. Una vez sentada la base de nuestro conocimiento, entonces lo conveniente es ejercerlo: incorporar nuevas experiencias, pensar mejores correlaciones entre ellas –como aquellas tablas de presencias, ausencias y grados que preconizaba Bacon-, y contar y calcular, a fin de conocer mejor nuestro mundo. Sólo cuando perdemos pie, cuando lo que pensamos o averiguamos nos desconcierta, entonces se acude a la cosmología, y se repone la actividad filosófica buscando fundamentación.

Tal parece ser lo que ocurrió cuando la fundamentación griega de los conocimientos humanos, en torno a aquella astronomía geocéntrica, se vino abajo en el renacimiento. Hoy quizá hemos logrado otra ordenación de nuestros conocimientos más que basada en el espacio, estructurada sobre el tiempo. Cosmogénesis a partir del big-bang, formación de los astros, del sol y de la tierra; aparición y evolución de la vida hasta los primates, a las que se añaden la prehistoria e historia humanas. Pero la teoría de la ciencia atravesó una crisis de fundamentos en el siglo veinte, quizás aún no resuelta; a la que puede orientar la doctrina poliana sobre el universo físico.

De manera que aquella secuencia ideada por Comte según la cual el conocimiento humano evolucionaba de su fase teológica a la metafísica para finalmente alcanzar su estadio positivo en las ciencias, es globalmente falsa; como la propuesta de dejar a la ciencia caminar ya a su antojo, libre de problemáticas metafísicas. Más bien sucede que cuando la información que obtenemos del universo no la sabemos integrar, ni desplegar, entonces acudimos a la filosofía, a la física filosófica; en cambio, cuando adquirimos nuevas experiencias o ideamos nuevas teorías que resultan inmediatamente satisfactorias, entonces nos olvidamos de la cosmología, de la filosofía toda; se producen así *intervalos entre la visión filosófica* del universo *y su reposición*, intervalos *en los que se ha intentado entender el universo con elementos inferiores a los filosóficos*[82].

3. El universo físico.

En correspondencia con el expuesto sentido gnoseológico de la fundamentación de la ciencia, que permite la autonomía de ésta en su desarrollo, quiero distinguir ahora dos perspectivas en la doctrina poliana acerca del universo físico. Una acoge la información de que el hombre dispone, otra la devuelve a su estatuto extramental; una cosa es poseer abstractos, formalmente determinados, y otra encontrar su realidad principial; pero son dos extremos diversos. En paralelo, la causa formal física tiene un doble juego: en tanto que análisis esencial del acto de ser, y en cuanto que concausal con la causa final.

-    Por una parte la causa formal es directamente analítica del ser, de la persistencia extramental, y ello sin óbice a su concausalidad, ante todo con la eficiencia: a la variable conservación de la diferencia efectiva entre materia y fin que le corresponde. Por analítica del ser, *la flexibilidad de la causa formal permite una matizada distinción del espectáculo del mundo*[83].

Si toda *la pluralidad causal es analítica respecto del acto de ser no contradictorio*, la causa formal tiene un papel privilegiado, de acuerdo con el adagio clásico *forma dat esse*. Por ello, la causa formal es muy especialmente *la*

---

[82] POLO, L.: *Introducción a la filosofía*. OC XII, p. 110.
[83] POLO, L.: *La cuestión de la esencia extramental*. OC IX, p. 95. En este artículo Polo presenta una visión esquemática y primeriza de la coimplicación causal.

analítica en cuanto que tal, es decir, el modo de la donación del ser de acuerdo con una diferencia interna[84]. La causa formal, en suma, es *el análisis de la persistencia precisamente considerado*[85].

Pero su valor causal, su realidad efectiva, remite a las demás causas; y en particular a la final, cuya diferencia interna constituye.

De manera que hay que distinguir la dependencia que la causa formal tiene respecto del acto de ser, como causa analítica, de su dependencia respecto de la causa final, en concausalidad con las otras causas[86].

Ello repercute en la singular noción poliana de nota física; que a su vez incide en la diferencia entre el movimiento circular, que explica los elementos físicos, y la propagación de la luz, que posibilita las sustancias naturales y vivas. Son los grandes niveles en que Polo divide el universo físico.

Las notas físicas son causas formales mínimas: *el sentido primitivo y más pobre de la causa formal*, porque *no dependen sólo de la persistencia, sino de la causa final*[87]. Permiten la ordenación de los elementos físicos, al desgranarse efectivamente y plasmarse en la materia. E integran, desde ellos, los compuestos y vivos; cuyas formas, en cambio, excluyen *la dependencia de la causa final*, y por eso las notas *son confinadas en la causa material*[88].

En suma, las notas físicas *no se constituyen por ser la diferencia interna de causas formales*, sino por su dependencia del fin. De ahí que, *en cuanto que constituídas por notas... las causas formales pueden ser distintas de las que ocurren... porque cualesquiera que sean son capaces de cumplir el orden*[89].

De manera que al conocer el universo físico explicitamos el orden y su cumplimiento; pero la forma de cumplirlo, las diferentes formas de hacerlo, exigen una analítica directa del ser. La razón humana no es deductiva, ni lo físico necesario; sólo a la causa final corresponde la necesidad física[90].

---

[84] POLO, L.: *Curso de teoría del conocimiento*, v. IV. OC VII, p. 333.
[85] POLO, L.: *Curso de teoría del conocimiento*, v. IV. OC VII, p. 658.
[86] Cfr. POLO, L.: *Curso de teoría del conocimiento*, v. IV. OC VII, pp. 526-7, nt 76.
[87] POLO, L.: *Curso de teoría del conocimiento*, v. IV. OC VII, p. 657.
[88] POLO, L.: *Curso de teoría del conocimiento*, v. IV. OC VII, p. 658.
[89] Cfr. POLO, L.: *Curso de teoría del conocimiento*, v. IV. OC VII, p. 534, nt 86.
[90] En este libro, al tratar de *El sentido de las cuatro causas*, Polo trata de la necesidad del fin.

-       Con todo, el grueso de la doctrina poliana sobre el universo físico tiende a esclarecer el estatuto físico de la información. A este respecto, dicha doctrina se caracteriza por su complejidad, expresión de la dificultad de entender lo que no es lógico. Resulta, por consiguiente, muy difícil resumirla en unos breves párrafos.

Pero el mismo Polo en este libro[91] establece en el universo físico tres niveles de concausalidad, que ayudan a formarse una visión global del mismo. Glosando nociones clásicas, que a veces se entienden como equivalentes, Polo distingue sustancia, naturaleza y esencia.

La sustancia es, ante todo, el compuesto hilemórfico, por tanto una bicausalidad; la eficiencia entonces le resultará extrínseca[92]. Primero sustancias, y después movimientos continuos que las generan transformando unas en otras; finalmente, el movimiento discontinuo, como causa de esos otros movimientos. Encuentra Polo aquí el estatuto físico de la forma circular. Son los explícitos conceptuales y su implícito manifiesto: el conocimiento de los elementos físicos. Como éstos son sustancias sin accidentes, son tales (taleidades dice Polo), no cuántos, ni cuáles. Su unidad es la universalidad: *unum in multis* no simultáneos.

La naturaleza, en cambio, es principio interno de movimiento, luego pide eficiencia intrínseca. Hablamos, por tanto, de tricausalidades: las de los seres compuestos -mixtos- y las de los vivientes. Las sustancias tricausales son potenciales como los universales; pero su réplica son los accidentes, no los muchos del uno universal y sus transformaciones. Porque ya no son meras sustancias elementales, ajustadamente hilemórficas, sino categorías: *multi in uno*, dirá Polo para contrastar con el universal. La ordenación al fin en ellas ya no es extrínseca; pues la forma circular mira ahora al fin, o se vuelve hacia él: concausa con él, o no es un mero efecto suyo, y se propaga. Ello permite la

---

[91] Capítulo II, 3, a: *Estudio global de las concausalidades: sustancia, naturaleza, esencia*.
[92] A *La explicitación conceptual*, primero de materia y forma, y luego de la eficiencia extrínseca, dedica Polo los apartados c y d del capítulo I, 2 de este libro.

composición formal. Desarrolla entonces Polo una física de la luz[93] como condición para que ocurran sustancias categoriales. La explicitación de dichas sustancias corresponde al juicio; su unidad, la analogía.

Finalmente, la esencia es la consideración conjunta de las cuatro causas. La perfección de las naturalezas físicas es su ordenación al fin, su integración en el universo. La unidad del universo es el orden. Las sustancias elementales y sus movimientos, así como las categoriales y sus naturalezas (todo ello concausalidades parciales), son efectos intracósmicos: el universo físico es la concausalidad cuádruple completa.

El universo en su conjunto es suficiente, acabado, perfecto como para ser. La esencia se contradistingue del acto de ser. El ser no corresponde a las sustancias y naturalezas por separado, sino al universo entero; las causas son sólo principios predicamentales, el ser en cambio es el principio primero. Por eso su explicitación, insuficiente sin el hábito de los primeros principios, sigue al hábito judicativo. La proposición *ocurre un universo*, designa la esencia extramental; su ser no se termina de conocer con la razón, porque es superior a ella. Los principios predicamentales están coordinados con las operaciones intelectuales; pero el primer principio no remite exclusivamente a la inteligencia humana como su fundamento, sino a una pluralidad de primeros principios en la que todos ellos son primeros principios entre sí, mutuamente vigentes. Porque no hay exclusivamente un primer principio, sino varios. La índole creada del universo no se advierte sin distinguirlos: el ser del universo es principio de no contradicción y de causalidad trascendental, pero el principio de identidad es originario.

---

[93] De ella, Polo no habla casi en este libro. Pero es propio de la luz la propagación, la comunicación formal.

En suma, he querido esbozar, brevemente, estas correlaciones aproximadas:

- sustancia-bicausalidad-universalidad-circunferencia-concepto,
- naturaleza-tricausalidad-analogía-luz-juicio
- y esencia-tetracausalidad-orden-universo-fundamento.

De la doctrina poliana del universo físico me parece muy sobresaliente su recuperación del sentido físico de la forma circular y de la luz, esos dos grandes niveles apuntados que vienen a corresponderse con el concepto y el juicio.

Porque la circunferencia ya fue definida formalmente por Heráclito; y su juego en la cosmología antigua, en el modo de órbitas y ciclos, es muy patente. En pensadores modernos hay también algún aprovechamiento de la forma circular (en-*ciclos-paideia*, denomina Hegel a la exposición de su saber absoluto), pero no en estrictos términos físicos; desde la revolución copernicana la forma circular perdió su vigencia en la explicación de lo físico. Recuperar para el universo físico el movimiento circular es un mérito poliano; muy trabajoso, y al mismo tiempo clave.

Polo confiesa en este libro[94] haber dedicado *tres o cuatro años a pensar si se podía conservar la noción de movimiento circular aristotélica*. Y lo cierto es que las lecciones tercera y cuarta del tomo cuarto de su *Curso de teoría del conocimiento* constituyen una profunda rectificación de esa noción. Rectificación que permite a Polo conectar circunferencia y luz; o pasar de la analogía implícita, a la explícita en la propagación y comunicación formal. De modo que todo el avance desde los explícitos conceptuales hasta el juicio procede de la investigación poliana acerca de la forma circular.

Por su parte, la comprensión de la luz como capaz de efectos formales aparece también en el pensamiento griego, quizá desde la *República* de Platón; y hay importantes desarrollos medievales, como el de Grosseteste, que proponen

---

[94] En el último apartado del segundo capítulo, *El movimiento circular*.

una metafísica de la luz para entender la unidad de lo real. Hegel también hablaba de la luz como idealidad material; pero la luz se ha utilizado más en gnoseología que en física. Utilizarla como medio para comprender la composición formal de los seres naturales y vivos, la conexión de sustancia y accidentes, es mérito poliano.

Pues aún más meritorio entiendo que es conectar ambos cuerpos doctrinales, y proponer que la luz es la circunferencia no como mero efecto del fin, sino como concausa con él. La analogía como unidad implícita de los universales equívocos; que, al serles comunicada, se explicita y da lugar a las categorías. Esta conexión no tiene, que yo sepa, precedentes históricos; y menos con validez actual.

Y viene a sentar una doble potencialidad en el universo físico. La forma circular es potencia que ordena los universales causando los movimientos continuos, como la luz es potencia que ordena las categorías -las sustancias tricausales- en su réplica en las naturalezas; por eso distingue Polo el estatuto primario de la luz, como pura propagación, de sus estatutos secundarios: la luz estante en las sustancias categoriales y la emitida en las naturalezas. Con la diferencia respecto de la forma circular de que ésta es efecto del fin, mediadora para ordenar las taleidades, pura posibilidad formal; mientras que la luz física en su estatuto primario es una forma que se comunica y propaga; forma que no sólo depende del fin, sino del ser. En consecuencia, las sustancias naturales y los vivientes tampoco dependen exclusivamente del fin, sino que concausan con él.

En otra ocasión he dicho que la tesis que sustenta la doctrina poliana del universo físico es que el fin del universo es ser conocido por el hombre[95]. La cuestión ahora es cómo es ello posible. El movimiento circular como forma efecto del fin, y la luz como forma que además concausa con él, son la respuesta básica a esa cuestión. Una cosa es el fin, poseído por la operación cognoscitiva, y otra el orden hacia el fin, su valor causal. Para la ordenación de las causas físicas, al fin o entre sí, se requieren esas formas: la circunferencia y la luz.

---

[95] Cfr. *La causalidad extramental*, segundo capítulo de este libro.

El movimiento circular es efecto del fin; y Polo ha indicado que *en física de causas el llamado big-bang se reduce al movimiento circular*[96]. *La propagación* de la luz *como medida que se amplía,* que amplía la medida de la intervención *de la causa final,* dota de una *deriva creciente* a su diferenciación interna, al cumplimiento formal del orden[97]. Propagación y deriva creciente de la finalidad me parecen una formulación concausal de la moderna teoría de la evolución, una mejor comprensión de la evolución temporal del universo y la vida.

Finalmente, la segunda dimensión del abandono del límite mental que la razón humana consigue al explicitar, permite la reducción de las categorías a las causas, que Aristóteles había sugerido al apuntar que hay que terminar por entender la sustancia como causa[98]. Así reúne Polo, es otro mérito de su doctrina sobre el universo físico, los dos cuerpos doctrinales que la tradición nos había legado como ontología predicamental: la etiología y la tabla categorial. Los conceptos son universales, diría prepredicamentales; y explican la materia primera del universo, pues no de otro modo que materialmente puede principiar aquello que no emite información. Y las categorías que, reducidas a causas, admite Polo son cuatro: la sustancia como potencia de causa; y los tres accidentes que conforman su ordenación en la naturaleza: la cantidad como causa material, la cualidad como causa formal, y la relación como causa eficiente. La inhesión de las categorías impide entenderlas como géneros supremos incomunicables. Precisamente la luz, entendida como propagación, es la explicitación de la analogía física, la comunicación formal; sin ésta no cabría la recepción de la especie impresa en la que el conocimiento se asienta. La ordenación de la sustancia en su naturaleza explica, además, el individuo físico, de otra forma que como caso particular de un género común.

---

[96] POLO, L.: *Curso de teoría del conocimiento,* v. IV. OC VII, p. 658.
[97] Cfr. POLO, L.: *Curso de teoría del conocimiento,* v. IV. OC VII, p. 639.
[98] Cfr. *Metafísica* VII, 17; 1041 b 8.

4. El hombre y el cosmos.

La compatibilidad entre el hombre y el cosmos es tanta como profunda, y se muestra en distintos niveles.

El primero es la operación intelectual, descrita por Aristóteles como la simultaneidad del presente con su perfecto[99]: se piensa y se ha pensado ya; la operación intelectual es acto perfecto, operación inmanente y no movimiento transitivo; porque se conmensura con su objeto de entrada, sin proceso constituyente. El conjunto de objetos que tiene el hombre ante sí es el mundo en el que está. El hombre es un ser que no está en el mundo sólo físicamente ubicado, sino presenciándolo según su operación intelectual.

El segundo nivel es la coordinación entre los principios predicamentales y las operaciones cognoscitivas. Para ejercer la razón, el hombre ha de manifestar su propio ejercicio cognoscitivo, y contrastarlo con sus implícitos para hacer explícitas las causas reales. El conocimiento del universo está, pues, coordinado con el conocimiento habitual de la inteligencia, que es su crecimiento esencial. La esencia humana es acorde con la esencia del universo[100]. Este acuerdo invalida el naturalismo: pues sin adquirir hábitos, sin perfeccionar su naturaleza elevándola a esencia de un ser personal, el hombre no descubre lo que el universo es. Sin saber de sí, manifestando su ejercicio intelectual, el hombre se encuentra perdido en el mundo, entre la diversidad de sus conocimientos. De esa falta de personalización procede el naturalismo.

El nivel más alto de compatibilidad corresponde al hábito de los primeros principios, que sucede al agotamiento de la razón. Porque entre la esencia humana y el ser extramental no hay acuerdo, ni pugna posible, por ser éste superior a aquélla. Pero, en cambio, el ser del universo no es superior a la persona, y por eso se conoce con un hábito nativo suyo: el de los primeros principios. Dicho hábito *equivale a la coexistencia de la persona humana con el*

---

[99] Cfr. *Metafísica* IX, 7; 1048 b 18-37.
[100] Es el tema del tercer capítulo de este libro: *El logos predicamental.*

ser como principio[101]. El encuentro de los primeros principios es existencial; y superior a la potencia intelectual, pues corresponde al intelecto personal. En términos antropológicos, más que gnoseológicos, Polo lo adscribe a la generosidad de la persona; porque con ese hábito se olvida de sí, y da –presta su atención- sin demandar aceptación.

De manera que el hombre coexiste con el ser extramental, su esencia es acorde con la esencia física, y finalmente obtiene la verdad del universo con su operación intelectual. Pero todo ello no agota la compatibilidad entre el universo y el hombre. Porque los trascendentales metafísicos, junto al ser y la verdad, incluyen el bien; y porque además de la inteligencia está la voluntad humana.

Ello dirige nuestra atención a la técnica, un especial tipo de coexistencia práctica del hombre con el cosmos. Porque los objetos de nuestro mundo no son sólo naturales, sino que hay otros culturales; y porque el hombre además de la teoría ejerce otras acciones.

La técnica, en efecto, depende de la ciencia, de nuestro conocimiento del mundo, como la acción práctica depende del saber; el intenso desarrollo reciente de la tecnología ha acentuado esa dependencia.

Pero hay que completar este punto de vista, porque la técnica es algo más que la ciencia; ya que el objeto pensado es arreal, está exento de realidad física, mientras que el producto técnico no. Si el conocimiento humano eleva lo físico a lógico, la técnica lo eleva aún más hasta tornarlo humano; pues la acción productiva continúa la naturaleza con el artificio: algo extramental, pero enteramente humano (lo lógico aún tiene un fundamento extramental, que lo artificial en cuanto que tal no). Lo técnico no es físico, sino estrictamente humano.

Apuntaré algunas indicaciones para tematizar específicamente lo técnico:

a) El objeto técnico no es la presencialización de una anterioridad real; sino la invención de una posibilidad factiva, la proyección al futuro de un pasado

---

[101] POLO, L.: *Curso de teoría del conocimiento*, v. IV. OC VII, p. 695.

recibido, heredado, de suyo no adscrito a la realidad. Son dos modos de tener algo delante –*obiectum*– heterogéneos; y que, en mi opinión, Heidegger confunde al ontologizar la historia con la noción de *Ereignis*. Pero la historia está desfundada[102]; a diferencia de lo extramental, que es fundamental.

b) De suyo, la técnica remite a la voluntad y acción humanas, y a la situación histórica del hombre, más incluso que al conocimiento; porque, aunque derivado de él, no es éste sino aquéllas las que realmente la explican. El desarrollo tecnológico muestra nuestros intereses, y nuestra situación histórica, aún más que nuestro conocimiento; porque el hombre –que no actúa sin saber hacerlo– no obra, humanamente, sin querer hacerlo, o sin poder hacerlo.

c) Según su conocimiento el hombre está en el mundo, ante él. Pero según su acción práctica el hombre está en la historia; y éste segundo estar es superior al primero en muchos sentidos, y de otra clase. La historia tiene una repercusión, por modesta o bien culminar que se entienda, cosmológica. Pero, sobre todo, la historia añade al mundo una intrínseca limitación a la convivencia común de todo el género humano, puesto que estriba en la diferencia de generaciones[103].

Salvada la supremacía de la coexistencia humana con la realidad extramental que compete al hábito de los primeros principios, si en el orden de la esencia humana la voluntad es superior a la inteligencia, entonces la compatibilidad del hombre y el universo alcanza su expresión esencial más elevada en la acción práctica y la técnica.

La técnica continúa, perfecciona la esencia del universo. Por cuanto la técnica humana no está absuelta de la ética, el hombre es el *perfeccionador perfectible*, como dice Polo en este libro[104]. *La coexistencia con el ser del universo*

---

[102] *El fundamento no tiene valor trascendental respecto de la historia misma, la cual es una situación dependiente de la libertad*: POLO, L.: *Hegel y el posthegelianismo*, OC VIII, p. 387.
[103] La historia como sucesión de generaciones es, con todo, una noción imperfecta; porque la generación es natural. Por penoso que resulte, lo histórico es más bien la sucesión de defunciones
[104] Capítulo I, 2.

material estriba en el hábito de los primeros principios, el cual es superior a la esencia del hombre (…). En cambio, en orden a la esencia del universo, el hombre según su propia esencia se describe como el perfeccionador que se perfecciona: es el ámbito de la praxis técnico-productiva[105].

La sobredimensión actual de la técnica, aunque acaso parcialmente alejada de su orientación ética, encierra en cambio un indicio positivo: la indisimulable superioridad cosmológica de la acción práctica humana. En atención a esta superioridad de la acción práctica del hombre, como modo de relación suya con el universo, cabe sugerir que *el alma* [humana] *es la esencialización del acto de ser del universo, es decir, de la persistencia; por eso, a través de la acción se perfecciona la esencia física*[106].

Ésta es una profunda idea de Polo, cuya exposición en este libro entiendo que es sólo indicativa, introductoria e imprecisa; pues aquí se afirma lo siguiente[107]: *¿qué entiendo por esencialización del acto de ser extramental? Pues (…) su intelección con el hábito de los primeros principios*. Pero eso hay que ampliarlo; porque a continuación Polo añade: *la esenciación del acto de ser es su conocimiento, es decir, es su correspondencia en el hombre. Lo que hay de correspondiente en el hombre al acto de ser del universo, siendo el hombre un acto de ser personal, es una esencialización del acto de ser del universo*. Pero, entonces, la correspondencia humana con el acto de ser del universo no tiene por qué ser sólo cognoscitiva; y así, en la *Antropología trascendental* Polo propone claramente, y justifica razonadamente, una correspondencia más ajustada: no es el hábito intelectual innato, sino una repercusión suya en la esencia humana, la acción voluntaria, la que esencializa el ser del universo; *como el acto de ser del universo no es capaz de corresponder, quererlo significa esencializarlo*[108].

Y ésta es la explicación de ello que ofrece Polo: *he descrito la persistencia como comienzo que ni cesa ni es seguido, el acto cuyo indicio temporal es el*

---

[105] POLO, L.: *Antropología trascendental*, OC XV, p. 235.
[106] POLO, L.: *Antropología trascendental*, OC XV, p. 515.
[107] Capítulo III, 5.
[108] POLO, L.: *Antropología trascendental*, OC XV, p. 415, nt 75.

después. Ese acto no es subsistente, y por eso puede ser esencializado (...) *como comienzo que por proceder sigue como constituir en corriente. El indicio temporal es neto y permite esta precisión. Querer-yo no se distingue de un antes, sino de otro acto que es ver-yo*[109]. Esencializar el ser del universo compete a la acción voluntaria, porque *sólo cabe esencializar la persistencia si la actividad libre no sufre menoscabo; y*, en cambio, *los actos intelectuales esenciales no la esencializan porque son prioridades fijas*[110], actos no constituídos por el yo.

El sentido humano de la técnica, si su acción práctica está en la cima de la correspondencia entre el hombre y el cosmos, tiene una justificación antropológica precisa: el hombre necesita completar en su esencia la estructura donal de su amar personal. Esta justificación resalta la dignidad de la acción práctica del hombre, del dominio humano del cosmos, dejando al margen la prepotencia del voluntarismo, y mitigando la arbitraria hegemonía de un actuar humano espontáneo y despótico. La acción humana sobre el universo no es autónoma, porque demanda la aceptación de su autor, que ha de juzgar sobre la historia.

Hecha esta precisión, hay que observar el sentido ascendente que la noción de esencialización del ser sugiere. De acuerdo con ella, *el alma de Cristo sería la esencialización de la persona humana*[111]; porque, como la persona de Cristo no es humana, sino divina, *para que ello no comporte una disminución de su humanidad, sugiero la noción de esencialización del ser*[112]. Y después, si el hombre esencializa el ser fundamental, y Cristo el ser personal humano, como en Dios ser y esencia son idénticos, *podría describirse esta identidad, a título indicativo, como esencialización absoluta y sin resquicios del ser*[113]. Se formula así una jerarquización de lo real que traduce la sentencia paulina: *todas las cosas son vuestras, vosotros de Cristo y Cristo de Dios*[114].

---

[109] POLO, L.: *Antropología trascendental*, OC XV, p. 526.
[110] POLO, L.: *Antropología trascendental*, OC XV, pp. 523-4.
[111] POLO, L.: *Antropología trascendental*, OC XV, p. 515, nt 293.
[112] POLO, L.: *Antropología trascendental*, OC XV, p. 591.
[113] POLO, L.: *El hombre en la historia*, OC XVIII, p. 110.
[114] I *Corintios* 3, 22-3.

ACERCA DE LAS LECCIONES
DE PSICOLOGÍA CLÁSICA[115]

1. El Curso de psicología de 1966

Presentamos aquí un *Curso de psicología* que Leonardo Polo impartió en el colegio mayor Aralar de Pamplona durante el mes de julio de 1966. Parece ser que al curso asistió Jorge Yarce Maya, entonces estudiante de filosofía, quien, quizá con otros compañeros, lo puso por escrito. Y parece también que Patricia Pintado y Jorge Mario Posada lo elaboraron posteriormente en vistas a su edición. Finalmente, nosotros lo hemos corregido y adaptado para esta publicación en el siguiente sentido: se han abreviado los títulos de las lecciones y se han dividido en diversos epígrafes para facilitar la lectura; se ha reducido un poco su tono coloquial, y ajustado lo preciso para que el texto estuviera compuesto de frases completas, evitando también algunas reiteraciones. Finalmente, también se han incluido notas al pie de página; la mayor parte de ellas corresponden a tesis aristotélicas y tomistas que aluden a lo que se declara en el texto. Por lo demás, apenas se han introducido modificaciones respecto del original que se conserva en el archivo de la obra de Polo.

Excepto ésta: el curso estaba constituido por dos partes: la Iª Parte, de dieciocho lecciones, trataba los temas centrales de la psicología: la vida y su origen, la vida vegetativa y sus funciones, las facultades de la vida sensitiva, y la

---

[115] Presentación de Polo, L.: *Lecciones de psicología clásica*. Eunsa, Pamplona 2009; pp. 15-22.

inteligencia humana. La IIª Parte la formaban seis o siete lecciones especialmente centradas en la psicología humana, es decir, el alma y sus dimensiones espirituales: la inteligencia, la voluntad y la libertad.

De esta IIª Parte, parece ser que en 1975 (y por ello ya con un lenguaje un tanto diferente), Polo tomó tres o cuatro lecciones para componer un texto titulado *La voluntad como tendencia espiritual*, posiblemente destinado a una conferencia o a una publicación. En el archivo de la obra de Polo se conserva por separado de las lecciones de este *Curso de psicología*. Pero, tras una labor de cotejo, se ha comprobado que es el mismo texto. Por eso en este libro se incluyen veintiuna lecciones que reproducen las dieciocho lecciones de la Iª Parte, más las tres primeras de la IIª Parte, las que versan sobre la inteligencia; pues se aprecia bien que, aproximadamente, son consecutivas. Y se ha agregado como un apéndice final el texto *La voluntad como tendencia espiritual*, que integra – revisadas a parte por Polo– las últimas lecciones de la IIª Parte del curso, las dedicadas a la voluntad y la libertad.

El curso está parcialmente incompleto, al menos en dos extremos. Primero, porque en la transcripción del mismo que obra en el archivo de la obra de Polo parece que se pierde algo del final de cada lección. Como la lección siguiente empieza recordando lo expuesto anteriormente, se percibe alguna omisión. Y, en segundo lugar, porque la IIª Parte anuncia en la lección decimonovena un contenido que luego no se ofrece. En efecto, se promete hablar del alma humana y sus facultades, aunque empezando por éstas; y luego se habla sólo de las facultades, pero no del alma. Con todo, lo que se conserva del curso, y que ahora publicamos, proporciona un panorama suficientemente completo, e incluso en puntos bien interesante, de la psicología clásica. Esto nos ha llevado a editarlo, con dos observaciones preliminares.

La primera es señalar que Leonardo Polo permitió a Agustín Riera Matute emplear la Iª Parte de este curso en su tesis doctoral, de la que procede el libro *La articulación del conocimiento sensible. Una interpretación del pensamiento de santo Tomás de Aquino*[116]. Tiene por ello explicación la similitud entre buena parte de este curso y ese libro, tanto en el desarrollo de algunos puntos concretos (unos generales, cual la noción de vida y de conocimiento; y otros más particulares, cual la discusión del problema de la especie impresa del sensorio común), como incluso en el hilo conductor de todo el discurso. Con tener un parecido argumento, por comparación con este curso, ese libro está mucho más documentado, y muy bien documentado, en cuanto a las fuentes tomistas; y estudia los sentidos internos superiores con más detenimiento que el que Polo le dedica en este curso. Pero las ideas centrales proceden de Polo, que impartió este curso unos años antes. En todo caso, son finalmente dos obras enteramente distintas. Y, sea como sea, ese libro constituye una buena bibliografía para estudiar la psicología, complementaria a estas lecciones.

Y la segunda observación es que Polo se pliega al temario de un curso tomista. De manera que la filosofía que enseña se apoya principalmente en Aristóteles, Tomás de Aquino y los escolásticos. Por eso, se ha titulado este libro como *Lecciones de psicología "clásica"*. Y precisamente llama la atención el profundo conocimiento que de la filosofía clásica tenía Polo.

2. La temática de este libro

Hasta el punto de que hace añorar esos viejos libros de la época, manuales de pensamiento clásico[117], que tuvo que conocer Leonardo Polo, y que hoy son difícilmente accesibles. Concretamente, he encontrado en los *Elementos de filosofía* de Gredt[118] algunas de las ideas que Polo usa en este curso. Como la división de los tipos de vida en vegetativa, sensitiva e intelectiva según si el automovimiento en que la vida consiste afecta sólo al ejercicio de los

---

[116] RIERA MATUTE, A.: *La articulación del conocimiento sensible. Una interpretación del pensamiento de santo Tomás de Aquino*, Eunsa, Pamplona, 1970 (en la página 6 el autor agradece al doctor Polo las múltiples sugerencias y soluciones aportadas).
[117] Por ejemplo: VV. AA.: *Philosophiae scholasticae summa*. BAC, Madrid, 1953; E. COLLIN, *Manual de filosofía tomista*. Gili, Barcelona, 1942.
[118] J. GREDT, *Elementa philosophiae aristotélico-thomisticae*. Herder, Barcelona, 1953.

movimientos, o también a la forma que es su principio, o incluso al fin al que tienden. O bien, la distinción entre sentidos externos superiores e inferiores según sea su objetividad: destacada o vinculada a la impresión subjetiva. También la distinción entre lo sensible y lo inteligible centrada en la universalidad. En cambio, la consideración cualitativa de la nutrición y el crecimiento que Polo apunta en este curso (Lección 5ª) se distingue de la consideración meramente cuantitativa que expone Gredt.

No es pertinente dejar de señalar algunas ideas de este curso que resultan de especial interés. Son las siguientes:

a) La *correspondencia entre unidad y vida*, conforme a la cual, el vivir se entiende como una perfección del ser, casi como un trascendental suyo (Lección 1ª). De acuerdo con esa correspondencia, Polo señala que la vida vegetativa es intraespecífica y la sensitiva intragenérica, mientras que la vida intelectual es trascendental. Ademas de este curso, el tema de la vida está abundantemente tratado por Polo en el vol. IV del *Curso de teoría del conocimiento*.

b) El tratamiento que Polo da en este *Curso* al tema de la *evolución* (o del origen de las especies, lección 7ª) parece, en cambio, algo rudimentario, y quizás proclive al fijismo. Nuclearmente Polo quiere hacer valer —lo sostiene ya en la lección 6º cuando habla del origen de la vida— la multiplicidad de sentidos causales, en virtud de la cual es incorrecto atender sólo a la causa material, que es la anterioridad temporal: la que marca la línea de antes a después, evidentemente presente en la evolución. Pero años más tarde, Polo forjará nociones que entienden la evolución de acuerdo con el conjunto de las causas; en particular la idea de una deriva creciente en la medida en que se amplía la intervención de la causa final[119]. De la evolución, en particular en lo tocante al organismo humano, se ha ocupado Polo también en su libro *Ética: hacia una versión moderna de temas clásicos.*

---

[119] Cfr. al respecto la doctrina sobre el juicio en la lección sexta. *Curso de teoría del conocimiento*, v. IV. OC VII.

c) La consideración del *sensorio común* como luz sensible, como la sensibilidad en acto. Es una idea poliana que resuelve el problema de la especie impresa del sensorio común (lecciones 14ª y 15ª), y que está plenamente de acuerdo con la doctrina tomista que considera al sensorio común como raíz de la sensibilidad externa. Este asunto, al igual que otras nociones clave como las de *sobrante formal*, así como ciertas explicaciones del conocimiento sensible, la distinción entre los sentidos y sus objetos, etc. están más desarrolladas en el vol. I de su *Curso de teoría del conocimiento.*

d) Cuando Polo trata de la inteligencia (Lección 18ª) no distingue *abstracto* de *universal*, puesto que es la universalidad la que le ha llevado a distinguir la vida intelectual de la sensitiva, de acuerdo con lo que dice Gredt. En cambio, en el *Curso de teoría del conocimiento* se distinguen como dos operaciones intelectuales diferentes la *abstracción* y el *concepto*, al que corresponde la universalidad. Pienso que su indistinción aquí obedece sólo a la rapidez con que se expone este tema; o al hecho de verlo de una manera elemental, sin entrar en matices. En cambio, sorprende, porque tiene algún mayor sentido teórico, la primacía que al juicio concede Polo, dentro del estudio de las operaciones intelectuales en esa lección. El razonamiento no es más que un juicio mediato; las operaciones intelectuales son básicamente dos: la concepción y el juicio; la captación de lo indivisible, de la unidad inteligible, y su conexión. Los actos de la inteligencia y sus respectivos objetos y temas también están más tratados en el *Curso de teoría del conocimiento*; y, en concreto los actos y temas de la razón, en otras obras como *El conocimiento del universo físico.*

e) En la Lección 19ª, y desde distintos ángulos, Polo muestra la existencia de la *inteligencia*, de lo universal, entre otros extremos en atención a los infinitivos verbales, que destacan la acción, y a los nombres sustantivos, que sustituyen a la cosa en el lenguaje; son indicios de la abstracción intelectual.

Años más tarde[120], Polo hablará del *hábito abstractivo* como hábito lingüístico, que conecta nombres y verbos; es un paso más de la gnoseología poliana. Este hábito noético y los demás hábitos adquiridos, se estudian con mayor extensión en las obras aludidas: el *Curso de teoría del conocimiento* y *El conocimiento del universo físico*.

f) La dualidad de referencias del *concepto*, que se convierte a la fantasía, pero también se puede referir a su fundamento trascendental (Lección 21ª). Es, en parte, un planteamiento que busca el soporte gnoseológico de la metodología poliana del abandono del límite mental. Pero, además, suscita un interesante tema: el de las *prosecuciones* a partir de lo universal abstracto. Según creo, Polo abre hasta cuatro: la *conversión al fantasma*, la *orientación a lo trascendental*, la *razón* que avanza en el conocimiento de manera discursiva, y la *voluntad* que sigue a lo conocido.

g) Curiosa es también la apelación a la decisión para discutir el problema de las *localizaciones cerebrales*; porque si se localizan en áreas del cerebro las funciones lingüísticas, las motoras, las relativas a la cognición sensible, etc., como la decisión se extiende a casi todas ellas, se torna problemática la localización de la decisión misma (Lección 21ª).

h) En el *Apéndice* Polo adscribe el *acto voluntario* al *yo* de un modo que no tiene paralelo en la actividad intelectual. La actividad voluntaria es más débil, y por eso necesita el yo para constituirse. Pero, al mismo tiempo y también por ello, es una actividad superior a la de la inteligencia, más próxima a la persona. El tema de la voluntad Polo lo estudia con más amplitud en su *Antropología trascendental*.

---

[120] *Curso de teoría del conocimiento*, v. II. OC V; lección 11ª, pp. 201-21.

i) Por lo que se refiere a las puntos más álgidos de la persona humana, al intelecto agente y a la libertad, el primero ya fue aludido por Polo en sus primeras obras *El ser I* y *El acceso al ser*, es para Polo el *núcleo del saber*. Alusiones a él se encuentran también a lo largo de todas sus obras, en especial en su *Antropología trascendental*, en la que lo llama *intelecto personal*[121]. Por su parte, la libertad, a la que se atiende al final de este trabajo, también está más ampliamente expuesta en su *Antropología trascendental* y en su reciente publicación *Persona y libertad*[122].

En síntesis, lo nuclear de este curso, excluyendo lo que hace referencia al hombre, está resumido en el *Curso de teoría del conocimiento* de Polo. Al menos en estos dos lugares: *la analítica del conocimiento sensible*, en las lecciones 7ª a 12ª del volumen I[123]; y *la noción de vida junto con las funciones de la vida vegetativa*, en los dos primeros apartados de la Lección 2ª del volumen IV[124].

3. El interés de Polo por la psicología

Seguramente, este *Curso de Psicología* es, dentro de la trayectoria intelectual de Polo, coyuntural. En 1966 Polo obtuvo la cátedra de fundamentos de filosofía e historia de los sistemas filosóficos en la universidad de Granada. Había escrito, por tanto, su memoria de cátedra esbozando una consideración antropológica de la filosofía, y había preparado su lección magistral para esa cátedra sobre Meister Eckhart. Sus cursos recién llegado a Granada trataron sobre la objetividad intelectual y sobre la causalidad extramental. Esos eran, pues, los temas a los que Polo se dedicaba. Y, por otro lado, es más lógico pensar

---

[121] Cfr. para una visión sistémica de esos lugares, así como para un estudio de este tema: J. F. SELLÉS, *El conocer personal. Estudio del entendimiento agente según Leonardo Polo*, Cuadernos de Anuario Filosófico, Serie Universitaria, nº 163, Pamplona, Servicio de Publicaciones de la Universidad de Navarra, 2003.
[122] *Persona y libertad*, OC XIX.
[123] *Curso de teoría del conocimiento*, v. I. OC IV.
[124] *Curso de teoría del conocimiento*, v. IV. PC VII.

que a Polo le pidieran que impartiera este *Curso de Psicología*, que suponer que los hechos sucedieran a la inversa.

Pero, aun siendo coyuntural este *Curso de Psicología*, es cierto también que en esta segunda etapa de su trayectoria intelectual[125] Polo estudia con detenimiento la heterogeneidad de movimientos: tanto para examinar la operación inmanente de la inteligencia, y así ubicar mejor su propuesta del *límite mental* y la metodología que lo abandona (la *cuarta dimensión* de este método se demora en el límite y lo explica), como para comprender lo diferencial de los movimientos físicos extramentales (pues la *segunda dimensión* de su método – la que después de los libros de los años sesenta tocaba desarrollar– encuentra la esencia extramental, la concausalidad en que el universo físico consiste). Esta heterogeneidad de movimientos es el quicio en que reposa la psicología. Y éste sí es un asunto que interesa, especialmente en esta época, a Leonardo Polo.

Precisamente, cabe señalar esta secuencia: primero, el *Curso de psicología* de 1966 que aquí presentamos. Diez años después, el *Curso de psicología general*, impartido de la Universidad de Navarra (al menos los cursos 1975-6 y 1976-7), de inminente publicación[126]. Y otros diez años más tarde ya se está editando el *Curso de teoría del conocimiento* (cuyos tres primeros volúmenes salieron en 1984, 1985 y 1988). Expresan una secuencia ejemplar: primero se estudia el planteamiento clásico (son estas lecciones que publicamos); después se examinan los enfoques modernos (pues el curso de psicología general estudia lo psíquico, el tratamiento moderno de lo psicológico sin *logos*, Hegel y Kierkegaard, Freud o Nietzsche); y sólo entonces se formula una aportación propia. Finalmente, la *teoría del conocimiento* desemboca en la *antropología trascendental*: en el momento en que, más allá de las operaciones intelectuales, pasamos de los *hábitos adquiridos* a los *innatos*, o de los hábitos operativos a los entitativos. Por eso, la psicología humana es suficientemente peculiar como para distinguirla del estudio general de la vida corpórea.

---

[125] Cfr. al respecto mi trabajo *Cronología y evolución de la obra de Polo*. "Miscelánea poliana" IEFLP 21 (2008), pp. 10-8.
[126] OC XXI.

POLO Y HEGEL[127]

Presentamos en este libro unas lecciones sobre Hegel impartidas por don Leonardo Polo durante el curso 1981-82 en la universidad de Navarra. El curso fue grabado y transcrito por Mª José Franquet, y entregado recientemente al archivo de la obra de Polo que se custodia en el departamento de filosofía de esa universidad. El texto original incluye como primera fecha, pasada ya la mitad del curso, la de 20 de marzo de 1982; y la última fecha a que se refiere, casi al final del texto, es la de 26 de abril de 1982. Las clases que median entre aquella primera fecha y la del 2 de abril de 1982 componen los seis primeros epígrafes del capítulo cuarto de este libro; y su texto escrito fue presentado como la contribución de Leonardo Polo al congreso *Yo y tiempo. La antropología filosófica de Hegel*, celebrado en la universidad de Málaga los días 21 a 24 de septiembre del 2009. Como se apreciará al leerlo, el curso carece de una conclusión: parece que termina de un modo un tanto brusco, o sin justificar; con todo, su contenido nos ha parecido lo suficientemente íntegro como para darlo a la luz. El texto ha sido corregido por mí sólo en estos dos aspectos: para adaptar su forma oral al estilo escrito, y para dividir en capítulos y epígrafes lo que era un discurso más bien seguido.

---

[127] *Presentación* de "POLO, L.: Introducción a Hegel". Cuadernos del *Anuario filosófico*, serie universitaria, nº 217. Univ. Navarra, Pamplona 2010; pp. 7-15.

Polo sobre Hegel: finales de los años setenta

Quisiera ahora enmarcar este curso dentro del conjunto de la obra de Polo; en particular dentro de aquellos textos que ha dedicado Polo al pensamiento de Hegel.

Polo había escrito sobre Hegel el capítulo segundo, titulado *El ser como identidad en Hegel*, del libro *El acceso al ser*, publicado en 1964[128]. La atención de Polo a Hegel en ese libro fue global y directa, y con una intención preferentemente metafísica: distinto del ser como ser de la esencia, pensada, está el ser extramental; y en ese ámbito, la propuesta poliana es que la identidad es originaria, irreductible a lo actual: frente a la presencia, por tanto, el abandono de la presencia. Si la abandonamos podremos distinguir los primeros principios: la identidad originaria del ser divino distinta de la persistencia no contradictoria del ser creado.

Pero en aquella época todavía no había tenido lugar la lucha de Polo con el planteamiento hegeliano. Porque hubo una lucha con Hegel, reconocida expresamente por Polo (*mi lucha con el planteamiento hegeliano terminó varios años antes de la exposición contenida en este libro*[129]); y acontecida, creo yo, en los años setenta, en su segunda mitad. Una muestra de que es en estos años cuando Polo estudia más a fondo a Hegel y va madurando su comprensión de él, está en la diferente simbolización poliana de los tres momentos de la dialéctica hegeliana: la que aparece en *La crítica kantiana de la razón*[130], curso de 1974-75, es "A", "no-A" y "no-no-A"; mientras que la que aparece en el artículo *El hombre en nuestra situación*[131], de 1979, es ya la más usual de Polo: "A", "no-A" y "A y no-A".

Parece que Polo tuvo a comienzos de esta década algún problema de salud, un *sümenage* se dijo entonces, que incluso le retiró algún tiempo de la

---

[128] Sobre el particular, cfr. MUNIVE, E.: *La pugna con Hegel en "El acceso al ser". Miscelánea poliana*, IEFLP 6 (2006) 56-67.

[129] *Hegel y el posthegelianismo.* OC VIII, p. 34.

[130] OC XXIV. Cfr. primer capítulo de este libro.

[131] OC X.

docencia (al menos, eso parece haber ocurrido el curso 1973-74). Parece que Hegel le convencía a Polo, y que entonces Polo tenía ante sí el problema de cómo refutarle desde sus propias convicciones. En la universidad de Navarra, empezó a correr la voz de que Polo era hegeliano (el mismo Polo ha dejado constancia de esa maledicencia al relatar, *como anécdota, que algunas personas han sostenido que dependo de Hegel. Sin embargo, si bien es verdad que me he ocupado de ese autor, nunca he sido hegeliano*[132]).

Y es que, efectivamente, en la segunda mitad de la década de los setenta y comienzos de los ochenta Polo dedica una atención preferente a Hegel. Esa dedicación culmina en el libro *Hegel y el posthegelianismo*, publicado por primera vez en Perú en 1985; y en él Polo declara recoger *exposiciones sobre Hegel y su repercusión histórica dictadas entre 1975 y 1981*[133]. Pero ese libro no incluye todo lo que Polo había escrito sobre Hegel; sino que, como allí mismo se dice, *entre el material disponible*[134] se han elegido algunos textos concretos.

Antes de la publicación de ese libro, Polo había dedicado otros estudios, todavía inéditos, al pensamiento hegeliano. Mencionaré los siguientes: *El error en Nietzsche y Hegel*, un curso impartido en Pamplona en 1977; *El pensamiento de Hegel*, un curso dictado en el ICE de la universidad de Málaga en 1980; las once *Lecciones sobre Hegel* impartidas por Polo en la universidad de Piura (Perú) en 1984; y la famosa reseña al libro *Hegel*, de Kostas Papaioannou[135]. Famosa, aun estando inédita, por ser más larga que el libro reseñado; parte de esa reseña se incorporó luego al libro sobre Hegel. Además de éstos, hay en el archivo de la obra de Polo otra serie de breves escritos (*La interpretación de la historia en Hegel, Hegel y la cristología*, etc.) y otros fragmentos mecanografiados –algunos por mí en torno al año 1980-, indicativos también de la intensa dedicación de

---

[132] Prólogo a la *Antropología trascendental* OC XV, p. 22.

[133] *Hegel y el posthegelianismo*. OC VIII, p. 33.

[134] Id.

[135] Escritor griego, comunista y conocido por sus estudios sobre Marx: *La crisis del marxismo* (1954), *El marxismo, ideología fría* (1967), *Sobre Marx y el marxismo* (1983). Escribe su libro *Hegel* en 1962 (Seghers, París), y se traduce al español en 1975 (Edaf, Madrid); ésta es la edición que está en el archivo de la obra de Polo, posiblemente objeto de la reseña, que dataría entonces también de la segunda mitad de la década de los setenta.

Polo a Hegel en esta época. Son, pues, muchos los materiales de los que Polo entresacó *Hegel y el posthegelianismo*.

En ese libro Polo hace una exposición de Hegel que toma como central su obra *Ciencia de la lógica*; tan es así, que yo intenté justificar con algunos argumentos esta preferencia de Polo cuando escribí una reseña de la segunda edición del libro[136]. Y precisamente el curso que ahora presentamos son unas lecciones sobre Hegel tendentes a justificar esa posición: la centralidad de la *Ciencia de la lógica* en el pensamiento hegeliano. Por esta razón hemos titulado el presente libro como *Introducción a Hegel*, pues conviene su lectura antes de la de *Hegel y el posthegelianismo*: es lógicamente anterior.

Tanta dedicación a Hegel por parte de Polo, permite, en mi opinión, invertir la consideración: ¿cuánto de Hegel quedó en Polo? Se trata de plantear si hay algún influjo del pensamiento hegeliano en la filosofía de Polo.

Hegel en Polo

Y la respuesta directa a esta cuestión no puede ser más que una negativa contundente. Los planteamientos filosóficos de Hegel y de Polo son enteramente diferentes; no hay nada de idealismo, ni de hegeliano en la filosofía de Polo.

Metódicamente, nada puede haber más opuesto al primado hegeliano de la presencia (*lo más alto* –dice Hegel: *das höhste–, lo más importante de todo es el presente*[137]) que la propuesta de que la presencia es un límite que cabe abandonar. Temáticamente, nada hay en Polo de esa pretensión de un saber absoluto, de una verdad total, que integre y enjuicie todas las formas y figuras del espíritu mostrando su razón, sentido y alcance; nada, pues, de confundir la inteligencia humana con la divina, máxime cuando la inteligencia humana tiene un punto de partida limitado. Además, frente a la historiología hegeliana, Polo procede a su peculiar *formalización del proceso histórico*[138].

---

[136] Cfr. *A propósito de "Hegel y el posthegelianismo"*. *Studia poliana*, Pamplona 2 (2000) 213-21.
[137] Conclusión de las *Lecciones sobre la historia de la filosofía*.
[138] *Hegel y el posthegelianismo*, OC VIII, pp. 343 ss.

Y no sólo es que sean, el de Polo y el de Hegel, dos planteamientos filosóficos enteramente divergentes; sino que la filosofía de Polo aspira a ser una contestación al idealismo hegeliano. Polo entiende su filosofía como una ampliación respecto del pensamiento clásico: la ampliación de la consideración trascendental para descubrir los trascendentales personales; se propone añadir a la metafísica clásica una antropología trascendental. Pero Polo entiende también su filosofía como una rectificación profunda de la filosofía moderna; aceptando su orientación o propósito en parte –una consideración del ser humano en primera y no en tercera persona-, con todo y con ello el pensamiento moderno requiere una interna corrección, no una mera ampliación. Y, en este sentido, dice Polo, *la detectación del límite mental no es independiente de la tarea de superar el idealismo*[139].

La rectificación de fondo a Hegel consiste en declarar la presencia como el límite mental humano, y proponer acto seguido una metodología para abandonar ese límite. En lugar de presencia, de pasado elevado a presencia, en la filosofía de Polo prevalece el futuro: el ser del universo es el después de la anticipación esencial, que no se desprende nunca de la anterioridad temporal; y por tanto la persistencia, la realidad de la secuencia de antes a después. El ser de la persona humana, por su parte, es además, siempre además: punto de partida y futuro siempre abierto; la libertad trascendental es la posesión de un futuro no desfuturizable.

a) La negación

Pero ello requiere ajustar cuentas con la dialéctica hegeliana, y en particular tomar partido sobre la negación. Por cuanto Polo afronta esta cuestión, podría decirse que en la doctrina poliana sobre la negación hay algún influjo de Hegel.

---

[139] *Antropología trascendental.* OC XV, p. 26.

En efecto. Polo señala, sobre la inicial abstracción, dos operaciones prosecutivas de la inteligencia humana, pero distintas entre sí. A la primera de ellas, a la inferior, Polo la denominó inicialmente generalización, y también reflexión, reflexión lógica; pero luego ya la denomina siempre negación. Se distingue esta primera operación de otra superior, denominada razón, constituida por concepto, juicio y fundamentación. Como de las tres fases de la operación racional prima para Polo el juicio, y el juicio es la afirmación, se distinguen rigurosamente como dos operaciones intelectuales distintas la negación de la afirmación. Hay en ello una incorporación a la epistemología de la negación como específico método intelectual que, evidentemente, es debida a Hegel.

De los tres actos de la razón, en Hegel prima el concepto –como en este libro que presentamos se pone de manifiesto[140]–; el juicio y la demostración pierden, para él, la unidad que caracteriza al concepto. En cambio para Polo el acto central de la razón es el juicio; porque es superior al concepto, al ser más amplio que él; y porque el raciocinio, en cambio, es más bien como un juicio mediato: la conclusión que se deduce de las premisas. La débil apreciación poliana del razonamiento se debe a que la fundamentación es un conocimiento imperfecto del ser como principio: ya que no hay un solo primer principio fundante. Y se debe también a que conocer el ser como fundamento del pensar es conocerlo relativamente al pensar, quizá no enteramente como él mismo es: más relativo a su creador que al humano pensar. El conocimiento adecuado del ser extramental exige el hábito del *intellectus*, que es superior a la entera razón, y que permite alcanzar la pluralidad de los primeros principios.

Pero la distinción misma de dos operaciones intelectuales, negación y razón, tiene ya el sentido de abrir nuestra mente a la realidad extramental, saliendo de un logicismo inmanentista. Porque la razón exige hábitos, y mediante ellos permite el abandono de la objetividad ideal (es la segunda dimensión del abandono del límite). La distinción de operaciones es ya, por tanto, una contestación al idealismo hegeliano.

---

[140] A comienzos del capítulo 3: el ideal del saber en Hegel.

Y además, aunque incorpore la negación a la epistemología como un método específico, Polo ajusta la noción hegeliana de negación, al menos en tres extremos:

- al ponerla en otra dinámica que aquella que conduce al concepto[141], Polo rechaza la distinción entre primera y segunda negación (la distinción hegeliana entre negación dialéctica y negación especulativa): para Polo, basta la primera negación para obtener ya la generalidad, la idea general.

- En segundo lugar, y también porque la idea general no es el concepto, la generalidad remite siempre a los casos particulares: es de algún modo relativa a ellos. De modo que la síntesis hegeliana no consigue desprenderse por entero de la facticidad; no hay completa *aufhebung*. Lo que Polo llamará el *dilema dialéctico*[142] le permite denunciar, por ejemplo, la *paradoja de la alienación histórica*[143]; ambas doctrinas apuntan al fracaso de la dialéctica como elevación a concepto.

- Finalmente, Polo admite otras formas de negación, no sólo la oposición dialéctica; e incluso alguna superior a la dialéctica, como es la interrogación heideggeriana.

b) Dos ideas hegelianas

Pero aparte de la negación, yo querría exponer dos ideas de Polo que considero tomadas de Hegel. Advirtiendo, claro está, que tomadas no significa meramente copiadas o repetidas, sino asumidas, es decir: entendidas, evaluadas, modificadas y adaptadas al propio planteamiento filosófico de Polo.

---

[141] Sobre idea general y concepto en Hegel, puede leerse PADIAL, J. J.: *El celofán del concepto. Sobre la transparencia u opacidad de las entidades intencionales. Diálogo Polo-Hegel. Studia Poliana*, Pamplona 6 (2004) 141-63.
[142] Cfr. *Hegel y el posthegelianismo*. OC VIII, pp. 79 ss.
[143] Cfr. *Hegel y el posthegelianismo*. OC VIII, pp. 234 ss.

- La primera es el intelectualismo, que Polo reconoce como de raigambre aristotélica.

Pero el intelectualismo hegeliano no es el aristotélico. El hegeliano es un intelectualismo histórico, historiológico. Consiste en sostener que el concepto total, la unidad sintética de todos los conceptos, o el concepto de los conceptos, es la causa –final- del curso del tiempo histórico (que se distingue así, como tiempo especulativo, del tiempo de la alienación). El acontecer histórico es efecto del concepto.

El intelectualismo aristotélico es, en cambio, cosmológico. Consiste en sostener que los movimientos terrestres son efecto de los celestes; imitan, con el cuadrado de los meteorológicos, el movimiento circular de los astros; el cual, porque la forma circular remite a una inteligencia, es causado a su vez por inteligencias separadas. De esta posición aristotélica deriva la angelología del neoplatonismo árabe medieval.

Naturalmente, Polo no puede aceptar la confusión entre física y lógica, entre la realidad material y la espiritual, que comporta esa deriva del geocentrismo aristotélico hacia las inteligencias separadas. Y, por consiguiente, distingue con precisión la forma circular en cuanto que pensada (es un peculiar abstracto, que se abstrae de la sola imaginación y que permite el acto de conciencia: pensar lo pensado como se ha pensado, por haberlo pensado), y la forma circular como forma de un movimiento físico, el que causa las transformaciones entre los elementos y los ordena.

Y es aquí, al examinar el valor causal de la forma circular (un asunto que a Polo le costó *tres o cuatro años* precisar[144]), cuando Polo incorpora la noción hegeliana de concepto de los conceptos (por lo demás, también circular), cuyo efecto es la continuidad del tiempo; aunque ahora ya no el tiempo histórico sino un tiempo cósmico. Pero la incorpora ajustada, porque Polo niega que haya un concepto de todos los conceptos; y afirma que la unidad entre los conceptos no

---

[144] Cfr. *El orden predicamental*, OC XX; y el segundo capítulo de este libro.

es ideal, un nuevo concepto, pero tampoco una realidad explícita, expresada en el juicio (el juicio no es una mera unión entre conceptos); sino un implícito manifiesto con el hábito conceptual. En esa medida, el hábito conceptual es preciso para pasar de concepto a juicio, con lo cual se rectifica también el primado hegeliano del concepto. Ese implícito manifiesto del hábito conceptual es la analogía: la unidad de los conceptos es analógica; pero en el concepto la analogía todavía está implícita, pues su explicitación es precisamente el juicio. La analogía implícita es el movimiento circular, la causa de los movimientos cinéticos entre los universales -la temática real de los conceptos-, que así son efectos del fin y extrínsecamente ordenados[145].

Entender el movimiento circular como analogía implícita, un implícito que manifiesta el hábito conceptual, permite recuperar la causa final en la comprensión de los movimientos cinéticos entre los elementos; y así reponer el intelectualismo, el primado de la inteligencia sobre el tiempo, sin incurrir en el geocentrismo aristotélico que otorga un juego físico a las inteligencias separadas. A la vez se acepta con Hegel el primado de la inteligencia sobre el tiempo, pero no sobre el tiempo histórico sino sobre uno físico; y se evita la detención de la razón humana en el concepto, descubriendo en el hábito conceptual el medio para avanzar desde él hacia la conexión judicativa.

- la segunda idea poliana que yo veo inspirada en Hegel es la distinción entre la apertura de la persona hacia fuera, y su apertura interior y hacia dentro, tal como la formula Polo en su *Antropología trascendental*. En mi opinión, esa dualidad dentro-fuera está tomada de la resolución de un problema hegeliano que Polo señala en este libro que presentamos: se trata de la conexión entre las nociones hegelianas de idea, concepto y espíritu[146].

---

[145] Cuando se explicita la analogía, las formas físicas —ya categorías, no meros universales- concausan con el fin, no son meros efectos suyos; y así se amplía la medida en que el fin interviene.

[146] Polo trata estas nociones en el capítulo 3 de este libro, al distinguir el concepto como génesis del concepto como totalidad.

Lo propio de la idea es la contemplación: se contempla en su concepto. Lo propio del concepto es integrar la totalidad de lo inteligible; algo distinto de contemplar –porque para alcanzar la totalidad se exige el trabajo del negativo, el proceder dialéctico-, pero imprescindible para ello. Y lo propio del espíritu es el tiempo histórico, la transformación de la sustancia en sujeto, la génesis progresiva desde la sustancia espiritual, con el absoluto a la espalda, hasta alcanzar el concepto en el espíritu absoluto.

La articulación hegeliana de esas tres nociones es problemática, pero podría exponerse así. La idea contempla su propio concepto en sí misma, en su interioridad. O bien se distrae y aliena en la exterioridad de la naturaleza, donde está fuera de sí. En la naturaleza es imposible la realización del concepto, porque es extralógica; pero sí cabe generar la sustancia espiritual, el yo, en que el proceso dialéctico puede recuperarse hasta lograr el saber absoluto, donde el concepto se realiza en una subjetividad y para sí mismo. En suma, la idea se contempla en su concepto, se aliena en la naturaleza y se recupera en el espíritu; son como tres estados de la idea absoluta.

Pues en mi opinión Polo, desplaza de Dios al hombre el sujeto de este planteamiento, de esta diversidad de nociones en juego; y sustituye los tres estados de la idea absoluta por los tres hábitos innatos del intelecto personal humano.

La persona humana, vuelta hacia dentro, no se contempla en su concepto, pero sí sabe de sí misma mediante el hábito innato de sabiduría. Paralelamente, puede olvidarse de sí y abrirse hacia fuera. No mediante una alienación que la sumerja en otra realidad negativamente distinta de la suya; pero sí mediante una alteración, por la que la persona humana se abre a otra realidad que no es la propia. Pero la persona humana, dice Polo, es generosa, y no le importa olvidarse de sí para abrirse tranquilamente a lo otro. La alteración de la persona humana corresponde al hábito innato de los primeros principios, mediante el que conocemos la realidad extramental, otra que la personal. Finalmente, la persona humana es fecunda, y acepta suave y dócilmente su propia su esencia; está así dispuesta como un yo (a su vez dual: ver y querer), al frente de toda su operatividad natural, orgánica y espiritual. Es el hábito innato de la sindéresis.

Los tres hábitos innatos de la persona articulan las nociones básicas del sistema hegeliano, pero cambiando su sujeto: del intelecto divino al intelecto humano.

****

En definitiva, presentamos esta *Introducción a Hegel* como un libro breve que expone la personalidad intelectual de Hegel y los principales motivos de su pensamiento de un modo bastante claro, y muy próximo a la letra de los textos de Hegel y a sus preocupaciones más vitales. Por tanto, no se trata de un libro para especialistas, sino abierto a cualquier filósofo o persona interesada en Hegel. Pensamos que el lector terminará satisfecho después de haberlo leído, y en eso confiamos.

SOBRE LOS ESTUDIOS DE
FILOSOFÍA MODERNA Y CONTEMPORÁNEA[147]

D. Leonardo Polo alumbró sus principales ideas filosóficas en 1950. Y ello le decidió a reorientar sus estudios de derecho, acabados en 1949, hacia la filosofía; cuya licenciatura estudió en las universidades de Madrid y Barcelona. Precisamente en este libro se publica su *Memoria de licenciatura* sobre Marx, defendida en la universidad de Barcelona en 1958. Después se doctoró en Madrid, en 1961, con una tesis sobre Descartes.

Aunque desde 1954 era profesor de la universidad de Navarra, primero de derecho y luego ya de filosofía, fue en 1966 cuando ganó la cátedra de *Fundamentos de filosofía e historia de los sistemas filosóficos* en la universidad de Granada. Donde sólo permaneció dos cursos; pues desde 1968 se reincorporó a la universidad de Navarra, en la que ha prestado servicios hasta su jubilación académica; entre otros el de ser el director de su departamento de historia de la filosofía.

Que Polo fuera catedrático de historia de la filosofía no es más que un símbolo de que, efectivamente, es un gran conocedor de la historia del pensamiento.

Buena prueba de ello son los libros dedicados por Polo a distintos pensadores[148], y que son: *Evidencia y realidad en Descartes* (su *Tesis doctoral*, publicada en 1963), *Hegel y el posthegelianismo* (1985), *Nietzsche como*

---

[147] Prólogo a "POLO, L.: Estudios de filosofía moderna y contemporánea". Eunsa, Pamplona 2012; pp. 11-4.
[148]. *Nominalismo, idealismo y realismo* (1997) es también un libro en buena medida dedicado a la historia del pensamiento moderno.

pensador de dualidades (2005) y los dos que reproducimos en este libro: *La crítica kantiana del conocimiento* (2005) e *Introducción a Hegel* (2010). Su libro *Introducción a la filosofía* (1995) es, por otra parte, una exposición y valoración de Aristóteles: qué filosofía había antes de él, que aportó el estagirita a la filosofía, y qué temas dejó sin tratar o ha añadido la filosofía posterior.

Y, además de estos libros expresamente dedicados a la historia del pensamiento, está la multitud de referencias a filósofos con que Polo enriquece sus obras más temáticas; y el enfoque histórico con que aborda buena parte de las cuestiones tratadas en ellas. Y es que la filosofía nunca se hace *ex novo*, sino que se inscribe en una tradición.

Máxime si, como dice Polo en el primer capítulo de este libro, la historia de la filosofía no es mera historia, registro de documentos, y precisión filológica y cronológica; sino que es filosofía, filosofía indirecta: consideración sobre las cosas a través de lo que otros pensaron sobre ellas. Entonces, es preciso filosofar para hacerse cargo de la historia de la filosofía; y la historia de la filosofía no es mera curiosidad por el pasado, sino un instrumento para el filosofar.

De ahí procede también, al menos en parte, esa benevolencia del pensamiento de Polo, que tanto atractivo ejercía entre sus alumnos y discípulos; el interpretar a todos los pensadores, como solía decirlo, *in melius*: intentando descubrir siempre qué fondo de verdad había detrás de sus planteamientos; es decir, procurando comprenderlos desde dentro, para alcanzar aquello que de verdadero hubieran pensado.

Y de ahí también seguramente ese talante conciliador de la filosofía de Polo, que aspira a integrar la filosofía clásica con el pensamiento moderno; con frecuencia contrapuestos, y hasta enfrentados como si hubiera que optar entre ambos. No es así para Polo[149]; quien con su filosofía cree ampliar la filosofía clásica, y enderezar la moderna, para hacer finalmente proseguible la andadura del pensamiento, sobre la perennidad de la filosofía.

---

[149]. Cfr. I. FALGUERAS, "Leonardo Polo ante la filosofía clásica y moderna". En: FALGUERAS–GARCIA–YEPES: *El pensamiento de Leonardo Polo*, Universidad de Navarra, Pamplona, 1994, pp. 7-25.

De todas las maneras, Polo es más bien un filósofo moderno, actual. Y no sólo por serlo en nuestros días; sino porque su filosofía versa, nuclearmente, sobre el método de la filosofía. Pues, en efecto, a su hallazgo filosófico personal, el límite mental humano, sigue la propuesta de un nuevo método para la filosofía: el abandono del límite mental; que es pluridimensional, o que puede hacerse según cuatro dimensiones, o de cuatro maneras, de acuerdo con su respectiva temática. Pero la cuestión metódica es la que ya Descartes consideró como central, y al hacerlo así consagró el pensamiento moderno (con todo, según Polo, antes que Descartes el pensamiento moderno se incoa ya en el nominalismo, con Escoto y Ockham; por eso se han incluido en este libro textos de Polo sobre estos dos autores).

Un indicio de la modernidad del planteamiento filosófico de Polo lo constituye también los autores a los que ha dedicado sus obras ya mencionadas: Descartes, que es el comienzo del subjetivismo moderno; Hegel, su madurez y culminación; y Nietzsche, la contestación más virulenta a la modernidad, o quizás su última manifestación −al decir de Heidegger−.

Por esta razón, de entre el abundante material inédito que ha dejado Polo, y que se conserva en el archivo de su obra en el departamento de filosofía de la universidad de Navarra, hemos entresacado estos *Estudios de filosofía moderna y contemporánea*. Para otra ocasión quedará, pues hay textos sobrados para ello, la publicación de unos *Estudios sobre el pensamiento clásico*.

Porque, sin embargo de lo dicho, Polo se entiende a sí mismo también −y con razón− como un pensador aristotélico: un seguidor del estagirita; hasta el punto de decir que su doctrina sobre el límite mental humano es *la continuación obvia del estudio del conocimiento en el punto en que Aristóteles lo dejó*[150]. Y además, también es cierto que Polo propone su método filosófico como solidario de la distinción real de esencia y ser con que Tomás de Aquino caracterizó a las criaturas; ella señala la temática que corresponde a su método. Por estos dos motivos Polo entiende que su filosofía alcanza la altura histórica que exige la

---

[150]. *Curso de teoría del conocimiento*, v. I. OC IV, p. 21.

perennidad de la filosofía: cierta integración entre lo clásico y lo moderno, como hemos dicho.

Este libro, que hemos titulado *Estudios de filosofía moderna y contemporánea*, reúne diez escritos de Polo, cinco de ellos inéditos, y los otros cinco publicados en ediciones poco accesibles, que aconsejaban su reedición en este libro para darlos a conocer al gran público; al comienzo de cada capítulo se informa, en nota al pie, de su procedencia, y de la fecha de su redacción. Cuando los textos proceden de publicaciones previas, no se han retocado excepto las erratas detectadas, a fin de salvaguardar la materialidad de la obra de Polo. En cuanto a los textos inéditos proceden por lo general de cursos o conferencias grabados y transcritos; de ahí su tono coloquial. Y se han retocado, en ocasiones, para evitar un uso abusivo de dicho tono, o las reiteraciones excesivas; o bien para subsanar lagunas producidas en la grabación, o enlazar el discurso de modo que constituyera una unidad legible; pero nunca, naturalmente, en cuanto a su contenido. Además, claro está, de quien suscribe dependen las divisiones introducidas en algunos de esos textos.

Estos *Estudios de filosofía moderna y contemporánea* se extienden desde los orígenes de la filosofía moderna, que Polo sitúa en el pensamiento tardomedieval, hasta Heidegger, el último gran filósofo anterior al pensamiento del propio Polo. Son ocho autores, que entendemos suficientemente representativos de esta época de la historia del pensamiento. Y que, además, no son versos sueltos; sino que entre ellos se percibe una cierta secuencia que muestra la trama seguida por la filosofía en estas últimas centurias: sus intereses e incertidumbres. El capítulo primero, que se antepone como introducción, explica en cierto modo cuál es esa trama, qué sentido tiene y qué problemas plantea.

Confiamos en que la lectura de este libro ayude al lector tanto para el conocimiento de esos importantes filósofos de los que trata, como para la comprensión filosófica de la época moderna, con sus inquietudes y problemáticas; de manera que él mismo pueda continuar la tarea del pensar desde la altura histórica que le corresponde al día de hoy.